NÃO LEIA

SE VOCÊ TEM MEDO DE SONHAR GRANDE

NÃO LEIA

SE VOCÊ TEM MEDO DE SONHAR GRANDE

SAMUEL CAVALCANTE

quatro ventos

Editora Quatro Ventos
Rua Liberato Carvalho Leite, 86
(11) 3230-2378
(11) 3746-9700

Diretor executivo: Renan Menezes
Editora responsável: Sarah Lucchini
Equipe Editorial:
Isaque Felix
Paula de Luna
Gabriela Vicente
Revisão: Eliane Viza B. Barreto
Diagramação: Vívian de Luna
Capa: Vinícius Lira

Todos os direitos deste livro são reservados pela Editora Quatro Ventos.

Proibida a reprodução por quaisquer meios, salvo em breves citações, com indicação da fonte.

Todas as citações bíblicas e de terceiros foram adaptadas segundo o Acordo Ortográfico da Língua Portuguesa, assinado em 1990, em vigor desde janeiro de 2009.

Todo o conteúdo aqui publicado é de inteira responsabilidade do autor.

Todas as citações bíblicas foram extraídas da Almeida Corrigida Fiel, salvo indicação em contrário.

Citações extraídas do site https://www.bibliaonline.com.br/acf. Acesso em junho de 2020.

1ª Edição: Julho 2020

Ficha catalográfica elaborada por Geyse Maria Almeida Costa de Carvalho – CRB 11/973

C376n Cavalcante, Samuel

Não leia se você tem medo de sonhar grande / Samuel Cavalcante. – São Paulo: Quatro ventos, 2020.
232 p.

ISBN: 978-85-54167-35-6

1. Desenvolvimento pessoal. 2. Conquista. 3. Deus. I. Título.

CDD 158.1
CDU 59.947.24

SUMÁRIO

Introdução 15

1. Pedindo bengalas 19

2. Não se conforme 43

3. Mudança de mentalidade 65

4. Mentalidade de necessidade 85

5. Mentalidade de medo 103

6. Superando as decepções 129

7. Comece agora 147

8. A importância de conhecer
pessoas que o impulsionem 167

9. Por que devemos sonhar grande 187

10. Como você enxerga o mundo? 207

Conclusão 225

DEDICATÓRIA

Dedico este livro a todos aqueles que ousam sonhar e ir além de suas realidades!

AGRADECIMENTOS

Agradeço à minha esposa, Fabíola Melo, por sempre sonhar comigo!

PREFÁCIO

Quem não gosta de ouvir alguém incrível compartilhando suas experiências e conhecimento sobre um determinado assunto? Eu, particularmente, amo quando tenho a oportunidade de aprender com pessoas que realmente têm domínio e propriedade ao falar sobre algo. É como se meus olhos se abrissem para enxergar aquilo de uma forma nova e completa, derrubando limites e transformando minha mente.

Quando o assunto é o Samuel, falamos justamente sobre uma dessas pessoas incríveis, e seu domínio é levar outras pessoas a sonharem. Na verdade, eu não me lembro agora de conhecer alguém que seja capaz de falar sobre sonhos com tanta autoridade como esse homem, pois ele tem a capacidade de unir conhecimento prático, revelações bíblicas e experiências pessoais de forma equilibrada e poderosa. Além disso, também carrega um coração gigante, que pulsa por ver outras pessoas indo além de suas expectativas, sonhando coisas incríveis – o que faz desta obra muito mais do que um livro, e sim um gesto de amor.

Como um grande amigo, ele nunca teve medo de nos dizer as verdades necessárias que muitos têm medo de falar, porém sempre da maneira correta, com espírito de amor e unidade. E isso faz com que este livro não seja uma mera obra de autoajuda, mas sim de ajuda do alto, com palavras poderosas municiadas de desafios e rompimentos em várias áreas.

Sendo assim, é necessário que você saiba que, uma vez que mergulhar nestas páginas, não haverá mais volta. Sua mente se expandirá e nunca mais voltará ao normal, e você sempre será compelido a viver mais do que uma "vida comum". Sendo apresentado à realidade de que todos os dias você carrega uma aventura incrível quando persegue seus sonhos, qualquer coisa abaixo disso irá gerar na sua vida o sentimento de tédio e falta. Bem, você foi avisado.

Além disso, saiba que, à medida que folhear este livro, algumas coisas que você sempre carregou começarão a se desprender. Sejam mentalidades que o aprisionavam, conceitos que o enrijeciam ou até mesmo medos que o paralisavam, todos serão confrontados pela verdade da Palavra, e isso o levará a um novo caminhar de liberdade e leveza. O poder restaurador do Espírito Santo está nestas palavras, e "onde o Espírito do Senhor está, ali há liberdade" (2 Coríntios 3.17).

E se você, em algum momento da vida, deixou-se levar pela mentira de que os seus sonhos não podem mais ser concretizados, ou foram sepultados pelas dificuldades e impossibilidades, saiba que este livro carrega também o poder da restauração. Você pode alinhar seus sonhos aos propósitos de Deus. Ao deixar que essas palavras entrem em seu coração, assim como os ossos secos, tudo aquilo que você julgava estar morto para sempre começará a ganhar vida, e seus horizontes se expandirão mais uma vez.

Para alguns, este livro mostrará gatilhos que destravarão coisas que já duravam anos, enquanto, para outros, trará palavras proféticas poderosas que culminarão em um *download* do Céu na sua realidade terrena. O Senhor o chama a herdar o que é seu, como filho de Deus e coerdeiro com Jesus Cristo!

Um banquete o aguarda, enquanto você se assenta à mesa para ouvir um dos meus grandes amigos, um verdadeiro ativador de sonhos. Ele o guiará passo a passo a uma vida extraordinária e emocionante de grandes objetivos e alegrias sem medida. Prepare-se para ter sua história completamente transformada!

#enjoy

LEANDRO BARRETO
Fundador da Poiema Church,
em Taubaté, São Paulo

INTRODUÇÃO

Olá! Que bom que você está aqui. Eu não sei qual o motivo que trouxe este livro até às suas mãos hoje, mas, com certeza, esta leitura causará um grande impacto na sua maneira de encarar seus sonhos. Por isso, gostaria de fazer uma pequena advertência sobre o que você encontrará nestas páginas.

Se você é alguém que gosta da sua zona de conforto e não tem nenhum interesse em ser desafiado a ter sonhos maiores do que os que já imaginou, este livro não é para você, pois ele representa um perigo para o conformismo e a inércia. Eu preciso alertá-lo de que, se seguir adiante, sua vida nunca mais será a mesma. Você será exposto a segredos que causarão uma mudança radical na sua forma de pensar e ver o mundo ao seu redor, levando-o não apenas a sonhar mais alto, mas a encontrar caminhos para que esses sonhos se tornem realidade.

O problema é que muitos consideram sonhar grande como algo errado, sinônimo de orgulho e até mesmo egocentrismo, principalmente no contexto religioso. E é por esse motivo que confrontarei muito daquilo que temos enraizado em nossa cultura cristã brasileira a respeito do assunto. Na realidade, estou disposto a ir contra esses conceitos, pois eles acabam gerando uma comunidade de pessoas que não sonham com uma vida melhor, e que se veem presas em um ciclo de frustração, sofrimento e falta de esperança.

Mas a verdade é que sonhar alto e ter grandes ambições não significa ser orgulhoso, da mesma forma que ter sonhos pequenos não é um sinal de humildade. Precisamos entender que não fomos criados para viver de decepções e desilusões constantes, mas, sim, para mudarmos a nossa realidade e a das pessoas à nossa volta.

Assim, ao ler este livro, você será equipado não apenas para começar a sonhar grandes coisas, mas também para ensinar esses princípios e deixar um legado para os sonhadores da próxima geração. E para que isso aconteça, vamos tratar da jornada de alguém que não só sonhou, mas realizou algumas das maiores proezas já vistas neste mundo, e certamente impactou a vida de muitos que vieram após Ele: Jesus. Então, você descobrirá o poder que existe em ser alguém que sonha junto com Deus, assim como Cristo fazia.

Certamente não deixarei a minha fé de lado ao longo desta obra, mas posso garantir que, se eu falo de Jesus em algum ponto aqui, é porque Ele é o responsável por nos possibilitar ter os maiores sonhos em nossas vidas. Apesar de o Mestre ter sido o maior líder que já pisou na face da Terra, Ele mesmo nos desafia a vivermos coisas ainda maiores do que as que Ele realizou durante Seu tempo aqui. E é por essa razão que precisamos saber sonhar grande.

Em todos os meus anos acompanhando e motivando pessoas, eu pude ver que grande parte delas, se não a maioria, não sabia sonhar grande ou mesmo sonhar de fato, mas essas páginas carregam poder para transformar a sua mente e lhe instigar a ir aonde ninguém jamais foi.

Já que estamos falando sobre sonhos, antes de entrarmos de vez nos capítulos, quero compartilhar com você algo que sempre desejei: ver uma geração sonhadora se levantando sem medo de almejar coisas melhores do que as que vemos hoje e pronta a colocar a mão na massa para ver as suas aspirações se realizarem.

Se você deseja ampliar a sua visão e está disposto a fazer parte desse sonho, este livro é para você. Agora, se quer continuar a levar uma vida mediana e permanecer estagnado em um lugar confortável, recomendo que não prossiga. Afinal, um detalhe muito importante sobre sonhos é que eles são contagiosos, e se continuar com esta leitura, eu tenho certeza de que você nunca mais será o mesmo.

Capítulo 1

PEDINDO BENGALAS

Todos nós nascemos com a capacidade de sonhar. Por mais que algumas pessoas tenham dificuldade em acreditar nisso, independentemente da cor da nossa pele, condição financeira, família ou religião, todos somos capazes de pensar em coisas que gostaríamos muito que se tornassem realidade em nossas vidas, não é mesmo?

O anseio por viver mais do que aquilo que enxergamos como realidade hoje já está em nossos corações, assim como fazer planos que nos levem a lugares mais altos. Quer acreditemos ou não, sonhar está no nosso DNA. Tanto é verdade que, desde a infância, somos capazes de dar asas à nossa imaginação e projetar coisas grandiosas que gostaríamos de viver quando mais velhos.

O problema é que, ao crescermos, permitimos que a realidade que nos rodeia determine a forma e o tamanho dos nossos sonhos. Sem perceber, à medida que ficamos mais velhos, começamos a interagir com um cenário que não é tão simples e agradável. Então, aquela criança que cultivava tantos desejos sem qualquer limitação começa a dar lugar a uma pessoa "madura", que apenas sobrevive em meio às obrigações e contas para pagar, mas que se esqueceu de como sonhar alto.

Porém, o verdadeiro desafio do amadurecimento está em preservarmos a nossa capacidade de sonhar além do que conseguimos enxergar em nossas vidas no agora. Digo isso, porque entendo que, se mantivermos nossos olhos apenas na rotina, começaremos a viver no piloto automático. Trabalharemos para simplesmente sobreviver; necessidades como comer e dormir acontecerão por pura obrigação, e até o nosso lazer e as interações sociais perderão o brilho se não conseguirmos enxergá-los como coisas que ultrapassam nossos deveres.

Tudo isso acontece quando não temos clareza do lugar para onde estamos indo e o real motivo de seguirmos um objetivo. São exatamente os sonhos que cultivamos que nos dão esse senso de propósito. Podemos tomar como exemplo uma pessoa que sempre quis seguir uma carreira, mas tinha uma série de dificuldades financeiras, sociais e assim por diante. Provavelmente, ela teve de estudar para entrar em um curso relacionado à profissão que desejava, se esforçar e trabalhar para arcar com os custos da educação adequada. E, depois disso tudo, ainda precisou lutar pelo seu espaço em uma empresa da área. Só nessas fases se passaram anos e anos de dedicação para então começar a ver os primeiros sinais de sucesso.

Agora, imagine essa mesma pessoa chegando em casa cansada, depois de um exaustivo dia de trabalho e estudo, sem nenhuma garantia de que em breve seu objetivo seria alcançado. O que você acha que pode

> **O verdadeiro desafio do amadurecimento está em preservarmos a nossa capacidade de sonhar além do que conseguimos enxergar em nossas vidas no agora.**

ter sustentado toda essa dedicação na vida de alguém? Exatamente, o sonho que ela nutria desde o início. Mantendo-o em mente, ela foi capaz de não focar nos esforços e sacrifícios excessivos, um dia após o outro, e sim no que a esperava ao final dessa jornada. O sonho era o que dava sentido a todo o trabalho necessário para alcançar o seu alvo.

Por isso, precisamos não apenas reconhecer o valor que existe em sonhar para nossas conquistas, para nossa rotina e até para nossa vida como um todo, mas também lutarmos para mantê-los vivos e tão grandes quanto eles eram no início. Entretanto, as conquistas não acontecem da noite para o dia, principalmente em meio a uma realidade que, tantas vezes tenta nos impor todo tipo de limitações, nos dizendo onde podemos ou não chegar. Para que elevemos o nível dos nossos sonhos, é necessária muita intencionalidade para resistir àquilo que os nossos olhos estão nos mostrando e não deixar que as circunstâncias limitem os nossos planos.

Isso pode ser facilmente exemplificado por uma passagem da Palavra de Deus:

> Depois, foram para Jericó. E, saindo ele de Jericó com seus discípulos e uma grande multidão, Bartimeu, o cego, filho de Timeu, estava assentado junto do caminho, mendigando. E, ouvindo que era Jesus de Nazaré, começou a clamar, e a dizer: Jesus, Filho de Davi, tem misericórdia de mim! E muitos o repreendiam, para que se calasse; mas ele clamava cada vez mais: Filho de Davi, tem misericórdia de mim! E Jesus, parando, disse que o chamassem; e chamaram o cego, dizendo-lhe: Tem bom ânimo; levanta-te, que ele te chama. E ele, lançando de si a sua capa, levantou-se, e foi ter com Jesus. E Jesus, falando, disse-lhe: Que queres que te faça? E o cego lhe disse: Mestre, que eu tenha vista. E Jesus lhe disse: Vai, a tua fé te salvou. E logo viu, e seguiu a Jesus pelo caminho. (Marcos 10.46-52 – ARC)

Esta pode parecer apenas a história de mais um dos muitos milagres que Jesus realizou enquanto estava na Terra, mas, na verdade, existem grandes lições sobre sonhos nessas palavras. E para compreendê-las melhor, é importante que entendamos o contexto no qual essa situação se passou.

A Bíblia não nos diz se Bartimeu era cego de nascença ou não, mas que sua situação o havia levado a uma vida de sofrimento e dor, já que acabou mendigando na beira do caminho para que pudesse sobreviver. Não só isso, mas era muito provável que ele estivesse nessa posição há muito tempo.

> Os traumas que enfrentamos em nossas vidas podem minar o crescimento dos nossos sonhos.

Como pedinte nas ruas de Jericó, Bartimeu não tinha o controle da sua própria vida, e dependia da boa vontade e das doações dos outros para se sustentar. Além disso, a posição em que estava não parecia ter muita perspectiva de melhora, afinal cegueira não era apenas um problema qualquer, mas requereria um milagre para que fosse sanado.

Vivendo debaixo dessa realidade e aparente sentença, muitos de nós teríamos perdido toda a esperança de um dia ter uma vida melhor. Provavelmente amoldaríamos os nossos planos e sonhos a todo aquele cenário trágico, simplesmente nos conformando com conquistas pequenas e pouco significativas. Isso, porque os traumas que enfrentamos em nossas vidas podem minar o crescimento dos nossos sonhos.

A verdade é que nossas derrotas não apenas nos causam dores, mas também nos marcam, quebram nossas

> **Quando nos conformamos com o estado em que nos encontramos, fazemos dele a nossa condição permanente, limitando o agir de Deus em nossas vidas.**

expectativas, nos levando a ter medo de sonhar com coisas maiores. O fato de muitas vezes falharmos em conquistar o que desejamos, ou sermos vítimas de algum infortúnio, faz com que prefiramos sonhos menores e mais fáceis de alcançar, em vez do risco de passar mais uma vez por algo que poderia nos desapontar e ferir. Assim, o nosso medo nos leva a manter os nossos objetivos dentro de uma zona de segurança, onde corremos o mínimo de perigo possível. Essa é a realidade que tira a esperança de milhares de pessoas ao redor do globo.

Porém, algo que nos chama a atenção na vida de Bartimeu é o fato de que ele não havia perdido as suas esperanças. Imagine quantas vezes esse cego não almejou poder enxergar e ter uma vida normal. Talvez tenha buscado todo tipo de solução que estava ao seu alcance. Ainda dentro disso, tente imaginar a quantidade de vezes em que ele precisou lidar com a possibilidade de isso nunca acontecer. Mas, mesmo assim, a Palavra nos diz que, ao ouvir que Jesus estava passando por ali, ele percebeu a oportunidade de ver a sua vida completamente transformada, e foi atrás dela com todas as suas forças.

Por outro lado, pense comigo: o que seria mais fácil para Bartimeu, ficar onde estava, se conformar que um cego jamais chegaria até uma pessoa no meio de uma multidão, ou se levantar e correr o risco de se machucar mais uma vez? Aceitar que aquela era a sua situação, e que ela o impedia de tentar sair de onde estava, ou arriscar perder até o que tinha – sua capa – para alcançar o que era aparentemente inalcançável? Bartimeu tinha duas opções: continuar onde estava, fazendo exatamente as mesmas coisas, e adequar seus sonhos à sua realidade; ou arriscar tudo para, então, ganhar tudo.

Entretanto, o que aquele cego entendeu foi que, quando nos conformamos com o estado em que nos encontramos, fazemos dele a nossa condição permanente, limitando o agir de Deus em nossas vidas. Por outro lado, o combustível por trás de todo grande sonho é a inconformidade com a nossa condição atual, que nos faz buscar alçar voos cada vez mais altos.

Diante disso, ao pensar na história de Bartimeu, eu me pergunto: "Por que ele ouviu que Jesus estava passando?". Porque estava prestando atenção a qualquer oportunidade que se apresentasse diante dele. Aquele homem não havia se conformado com a sua situação. Pelo contrário, ele estava com seus ouvidos atentos para perceber qualquer coisa que pudesse tirá-lo daquele lugar e condição. Ele ainda tinha esperança, e quando isso foi somada à presença de Jesus, conseguiu sonhar mais alto do que nunca.

Certamente, Bartimeu já havia ouvido falar de Cristo e de todos os sinais que Ele estava operando em Israel. Sendo assim, quando percebeu que era Jesus, o Messias, quem caminhava por aquela região, se posicionou e começou a clamar com todas as suas forças, buscando aquilo que antes estava fora de seu alcance. E, como era de se esperar, isso incomodou algumas pessoas.

A Palavra nos mostra que, quando Bartimeu começou a erguer a sua voz, buscando chamar a atenção de Jesus, muitos o repreenderam. Por se sentirem contrariados com toda aquela gritaria, buscaram fazer com que ele ficasse quieto, em seu lugar de costume.

> **Sonhar alto sempre gera resistência.**

E é exatamente nessa situação que podemos aprender uma das lições mais valiosas quando o assunto é sonhar grande.

Toda vez que tentarmos pensar além daquilo que é esperado de nós, ou almejar coisas maiores do que aparentemente conseguiríamos, isso incomodará algumas – ou muitas – pessoas. Da mesma forma que a maioria dizia a Bartimeu que ele devia se calar, assim também as pessoas costumam fazer com quem ousa superar o que está aparentemente estabelecido para seus destinos.

Logo, sempre que decidimos sonhar alto e perseguir aquilo que muitos julgam ser impossível, vozes começam a surgir para nos desanimar. Elas podem vir de várias fontes e formas diferentes. Pode ser um colega de trabalho que sempre tenta jogar as nossas novas ideias para baixo; ou um familiar que desmerece nossas conquistas e desacredita de nossas ambições a todo tempo. Seja como for, sonhar alto sempre gera resistência.

Dessa maneira, se queremos ver nossos sonhos se realizarem, precisamos estar dispostos a não apenas entender isso, mas também lutar para permanecermos firmes mesmo diante da oposição. Mas, por que é que tantas pessoas se sentem incomodadas quando alguém tenta fazer algo novo? Ou quando é fonte de uma ideia que ninguém teve antes? O que as leva a reagir dessa forma?

A verdade é que todo sonho grande é, por si mesmo, uma afronta a uma mentalidade medíocre. Infelizmente, a maioria das pessoas que conhecemos já se conformou com a realidade em que vive. Elas não conseguem se agarrar à esperança de viver o extraordinário, e se contentam em sonhar da forma mais "segura" ou "realista". E, por se relacionarem com diversas pessoas que pensam da mesma maneira, cria-se uma consciência coletiva de que o normal é sonhar pequeno. Por consequência, isso faz

> **Todo sonho grande é, por si mesmo, uma afronta a uma mentalidade medíocre.**

com que, automaticamente, qualquer um que sonhe alto seja repreendido e tenha suas extraordinárias ideias reprimidas, até que a pessoa retorne ao "seu lugar" de ambições e sonhos normais.

Em razão disso, sempre que nos posicionamos para buscar aquilo que ninguém nunca ousou, ou decidimos ir aonde ninguém nunca foi, estabelecemos um novo modelo de como se deve sonhar. E essa atitude desafia as pessoas a saírem da inércia e abandonarem suas zonas de conforto. Ou seja, quando sonhamos alto, "subimos a régua", elevamos o padrão e mostramos com o que os sonhos devem se parecer. Isso sempre gerará resistência.

Porém, apesar de toda essa discordância, devemos sempre permanecer firmes nos sonhos que Deus nos dá. Mesmo que muitas vozes se levantem contra eles, tentando calar o nosso clamor por mais, precisamos nos posicionar e gritar ainda mais alto, até que, enfim, sejamos ouvidos. O que importa não é a aprovação da multidão, mas alcançar os ouvidos de Jesus. Aliás, a desaprovação dos homens é um preço pequeno a se pagar pela realização dos sonhos de Deus em nossas vidas.

Mas, para isso, é preciso criar uma proteção ao redor de nossos sonhos, que combata qualquer negatividade que venha de outras pessoas. Bartimeu protegeu o sonho de ser curado, e, dessa forma, todas as vozes desencorajadoras não o atingiram. Não só isso, mas foi justamente por esse motivo que ele foi capaz de perseverar até alcançar seu objetivo. A dedicação e a resiliência construídas no processo de Bartimeu o tornaram mais forte para lutar contra tudo e todos que se colocavam no caminho até chegar ao Mestre.

Até que, finalmente, Jesus o ouviu e pediu para que as pessoas o chamassem. Então, quando eles se encontraram, a pergunta que Cristo fez a Bartimeu foi muito especial e poderosa. Ele disse: "Que queres que eu te faça?" (Marcos 10.51).

Precisamos entender algo acerca desse questionamento. Qualquer pessoa que, no lugar de Jesus, olhasse para Bartimeu e se deparasse com suas condições de vida, rapidamente identificaria que ele era um cego que pedia esmolas na beira da estrada. Isso significa que muitos de nós, possivelmente, de maneira automática, presumiríamos o que ele precisava e, em vez de fazermos essa pergunta, quem sabe não ofereceríamos aquilo que consideramos ser mais importante para ele.

> O que importa não é a aprovação da multidão, mas alcançar os ouvidos de Jesus.

Porém, o Messias não fez isso. Ao questionar o cego sobre o que ele queria, Jesus estava abrindo um enorme leque de possibilidades. Mas o interessante é que, ao indagar a respeito do que Bartimeu gostaria que Ele fizesse, não estava apenas fazendo uma simples pergunta, mas medindo qual era o nível dos seus sonhos. Entenda, naquele momento, a resposta daquele homem determinaria se ele era apenas mais um que havia se conformado com sua realidade, e que não tinha fé no que Deus poderia fazer de extraordinário, ou alguém que tinha a ousadia de sonhar grande e ter sua vida completamente transformada.

Bartimeu poderia ter dado uma série de respostas naquele momento, caso fosse uma pessoa conformada com sua realidade. Afinal, aparentemente, ele era alguém que dependia de esmolas para viver, então não soaria tão absurdo se ele tivesse pedido para Cristo uma grande doação de riquezas. Inclusive, isso poderia ajudá-lo a sobreviver por algum tempo, viabilizando a compra de comida e de outras coisas básicas. No entanto, não mudaria a sua vida.

Outra opção seria pedir que Jesus lhe desse novas roupas, que o aquecessem enquanto mendigava à beira do caminho. É comum para as pessoas que vivem de esmolas nas ruas precisarem de vestimentas aconchegantes ou em bom estado. Isso atenderia uma de suas necessidades, porém ele continuaria naquela vida de mendigo, dependendo da ajuda dos outros para sobreviver.

Essas duas situações hipotéticas representam o que nós pedimos ao focarmos mais em nossas necessidades momentâneas do que nas coisas que realmente poderiam transformar nossas vidas. Se Bartimeu enxergasse apenas o que precisava no momento, tendo perdido a capacidade de sonhar com um futuro além da sobrevivência e da doença, ele nunca teria recebido a sua cura. E você, será que o seu foco está em apenas sobreviver mais um dia? Ou você ainda sonha em ter a sua vida transformada por Cristo?

Dentro disso, algo que sempre imagino quando penso nessa história é que, além de tudo, aquele homem também poderia ter pedido ao Mestre que lhe desse uma bengala. Ainda mais se considerarmos que Jesus era um carpinteiro, e seria mais do que capaz de fazer uma ótima bengala para aquele homem. Assim, ele poderia se locomover com mais facilidade, gerando uma melhora significativa em sua condição de vida. Contudo, esse objeto não eliminaria o maior problema: a cegueira.

Todavia, fato é que Bartimeu só pediria uma bengala se já tivesse perdido as esperanças de cura. Esse objeto é o típico símbolo de um sonho pequeno, que se amoldou às possibilidades limitadas de uma realidade. Apenas se tivesse aceitado, de uma vez por todas, a sua condição, ele buscaria algo tão fundamental para aquela circunstância como a bengala, até porque ela representa o oposto da cura. Muitas vezes, nós não pedimos pelo extraordinário porque já perdemos a fé de que ele possa acontecer em nossas vidas. Então, clamamos a Deus para que Ele realize nossos pequenos sonhos, que trarão melhoras ordinárias em nossas vidas, quando, na verdade, deveríamos pedir por aquilo que de fato transformaria nossa situação.

Existem várias "bengalas" que pedimos a Deus, pensando serem sonhos incríveis, quando, na prática, não passam de ideias acomodadas à nossa realidade e a experiências do passado. São objetivos que várias pessoas têm em comum, mas que, quando analisamos, não requerem interferência divina em nenhum aspecto, dependendo apenas da capacidade humana para se cumprirem. São objetivos que várias pessoas têm em comum, mas que, quando analisamos, não requerem tanta interferência divina, pois dependem mais da capacidade humana para se cumprirem.

Exemplo disso é quando alguém compartilha que seu maior sonho é fazer faculdade, algo que seria possível alcançar mediante seu próprio esforço. Situações como essas podem ser consideradas como "bengalas", pois essas pessoas se agarram ao medo de não conseguirem alcançar sonhos que dependam somente de Deus e, por isso, sonham baixo, com aquilo que poderão fazer por si mesmas. Tudo o que temos de fazer é nos empenhar e estudar muito para passarmos no vestibular. É evidente que Deus pode nos ajudar nesses momentos, mas a verdade é que Ele não poderá agir se não fizermos a nossa parte. A questão é que apesar de muitas vezes não ser fácil, podemos sonhar ainda mais alto. E se, em vez de desejarmos tanto só entrar na faculdade, nós buscássemos objetivos maiores, como ser os melhores do mundo na área que escolhemos estudar, e, assim, expandir o Reino de Deus nessa esfera de atuação? Quando começamos a mudar a perspectiva sobre os nossos próprios sonhos, o nível também é elevado.

> **O fato é que a verdadeira segurança e estabilidade só podem vir do Senhor.**

Outro exemplo de "bengala" que muitos pedem a Jesus é um emprego específico. Por mais que isso seja ótimo, é tão pequeno se comparado com a grandeza dos sonhos que Deus deseja que tenhamos. Isso, porque, para conseguir um emprego comum, você depende muito mais da capacidade humana do que da intervenção divina. Sim, existem exceções, mas não podemos nos apoiar nelas. Dessa forma, pode ser que consigamos o trabalho por alguma indicação ou, talvez, por termos nos preparado muito bem para certa entrevista, mas não necessariamente precisaremos da ajuda de Deus. Em contrapartida, se decidirmos aumentar o nível dos nossos sonhos, e buscarmos glorificar o Senhor no mundo dos negócios ou na área na qual atuamos, começamos, então, a abrir mão das "bengalas" e a pedir a Ele pelo Seu agir sobrenatural. Passamos a agir como Bartimeu.

Além disso, quando falamos de sonhos na área profissional, precisamos nos certificar de que não estamos buscando apenas certa estabilidade financeira, mas, sim, a nossa realização profissional e pessoal. Se não, podemos acabar como as pessoas que têm uma vida assegurada financeiramente, mas frustradas por dentro, por saberem que não queriam estar fazendo aquilo que se tornou sua profissão.

Eu me lembro de uma época em minha adolescência em que estava em um dilema com os meus pais. Eles queriam que eu estudasse para fazer um concurso público e garantir uma estabilidade financeira para a minha vida, e, embora eu entendesse o coração deles de me resguardar contra as dificuldades que pudessem vir, no fundo, eu sabia que aquilo não era o que eu havia nascido para fazer. Não era o meu sonho fazer concurso, por maior que fosse a segurança que aquilo pudesse me proporcionar.

> Só veremos os nossos sonhos mais altos se cumprirem se nos colocarmos nessa mesma posição de perseguir o que é humanamente impossível.

O fato é que a verdadeira segurança e estabilidade só podem vir do Senhor, pois o amanhã pertence a Ele. Foi me agarrando a isso que, então, lhes disse que aquele não era o caminho que eu queria trilhar, e, embora não tenha sido uma conversa fácil, hoje, tanto eu quanto eles somos extremamente gratos por aquela decisão, pois vemos que Deus tinha outras coisas planejadas para o meu futuro.

No instante em que começamos a sonhar com aquilo que não conseguimos realizar apenas com a nossa força, dinheiro ou conexões é que percebemos o sinal de que estamos entrando na "área de sonhos grandes", que é exatamente onde Deus nos chamou para estar. Bartimeu pediu pela única coisa que ele sabia que nenhuma outra pessoa poderia fazer, e isso nos mostra exatamente o que significa sonhar alto.

Desse modo, temos de pedir o que é certo para Deus, por mais impossível que pareça. Bartimeu só foi curado porque teve a ousadia de responder à pergunta de Cristo com coragem e fé. Assim como ele, só veremos os nossos sonhos mais altos se cumprirem se nos colocarmos nessa mesma posição de perseguir o que é humanamente impossível.

Nesse contexto, algo curioso a se pensar é que todos os pedidos hipotéticos daquele homem poderiam ser atendidos por qualquer pessoa. Ele não precisava especificamente de Jesus para receber nenhum deles, já que todos poderiam ser alcançados através da ação de homens. Mas o cego entendeu que estar na presença de Jesus trazia a oportunidade de receber algo diferente de tudo aquilo que qualquer outro poderia fazer por ele. Então, esquecendo suas experiências e traumas passados, não hesitou em fazer o pedido certo. Ao ser perguntado sobre o que desejava receber, ele não hesitou em responder: "Mestre, eu quero ver!" (veja Marcos 10.51).

Apesar de todas as hipóteses que levantamos aqui, quando me deparo com essa história, imagino que Bartimeu nem tenha cogitado pedir as outras coisas, pois sabia que somente a cura de sua cegueira poderia transformar totalmente a sua vida. E ali, naquele momento, estava diante do Único que seria capaz de realizar tal feito. Aquele homem estava tão convicto do poder do Messias, que sabia exatamente o que pedir, por mais impossível que pudesse ser aos olhos humanos.

Diversas vezes, podemos pensar: "Ah, mas Bartimeu só teve essa atitude porque ele estava presenciando os milagres que o Mestre fazia. Estava perto do Salvador. Se eu estivesse face a face com Jesus, faria a mesma coisa". E acabamos usando essa desculpa da "distância" física entre nós e o Cristo encarnado para justificar nossa falta de fé. Mas é exatamente nessas horas que precisamos entender algumas coisas cruciais acerca do Evangelho, e uma delas é o acesso total que temos à Sua presença e a tudo o que pode ser realizado nela. A respeito disso, veja o que a Bíblia afirma:

> E Jesus, clamando outra vez com grande voz, rendeu o espírito. E eis que o véu do templo se rasgou em dois, de alto a baixo; e tremeu a terra, e fenderam-se as pedras. (Mateus 27.50-51)

Na Velha Aliança, antes do sacrifício de Jesus, existia um lugar dentro do Tabernáculo que somente o sumo sacerdote podia entrar, conhecido como Santo dos Santos ou Santíssimo Lugar. Ali, havia um véu que separava esse ambiente do resto do Tabernáculo, uma vez que a presença manifesta do Deus Vivo habitava naquele local. Assim, o sumo sacerdote adentrava a essa presença – um espaço extremamente restrito – representando todo o povo.

Mas quando Jesus entregou Sua vida por nós na cruz do Calvário, a Palavra nos revela que o véu, que antes nos separava da presença de Deus, foi completamente rasgado, de cima a baixo. Isso nos concedeu acesso total ao Senhor e ao Seu coração. O relacionamento que antes era restrito, tornou-se totalmente aberto, agora, para todas as pessoas, e o principal resultado disso é que hoje podemos viver todos os nossos dias na presença do Deus Vivo.

Além disso, temos o Espírito Santo, que foi derramado no dia de Pentecostes:

> E, cumprindo-se o dia de Pentecostes, estavam todos concordemente no mesmo lugar; E de repente veio do céu um som, como de um vento veemente e impetuoso, e encheu toda a casa em que estavam assentados. E foram vistas por eles línguas repartidas, como que de fogo, as quais pousaram sobre cada um deles. E todos foram cheios do Espírito Santo, e começaram a falar noutras línguas, conforme o Espírito Santo lhes concedia que falassem. (Atos 2.1-4)

Esse texto mostra o instante exato em que o Consolador, o Espírito Santo, tornou-se disponível a toda a humanidade. A partir do momento em que aceitamos a Jesus como nosso Senhor e Salvador, o Espírito faz morada em nós, e nos acompanha aonde quer que formos.

Isso nos garante o livre acesso a Deus o tempo todo, e nos coloca na mesma posição de Bartimeu: na presença de Jesus. Muitas vezes, não temos o total entendimento do nível de proximidade que existe entre nós e Deus, e isso faz com que O deixemos de lado quando sonhamos, como se Ele estivesse distante ou até mesmo não se importasse. Dessa forma, achamos que não podemos necessariamente receber os mesmos milagres ou a transformação total da nossa vida, quando, na verdade, o Senhor está sempre ao nosso lado, pronto para se relacionar conosco e nos levar a sonhar mais alto.

Diante disso, da mesma maneira que Bartimeu começou a gritar quando ouviu Jesus passar, ao entendermos que Deus está aqui, agora e pronto para nos encontrar, precisamos clamar com todo o nosso coração. Nossa postura com relação à nossa fé e aos nossos sonhos precisa responder à Sua presença.

Quando recebemos a revelação de que Jesus está o tempo inteiro conosco, a nossa mente e, automaticamente, nossa forma de sonhar passam a ser gerados de uma perspectiva totalmente diferente.

Então, de repente, começamos a ver que aqueles grandes sonhos que tínhamos antes já não parecem tão impossíveis, e somos desafiados a ir mais alto, a ponto de apenas o agir sobrenatural de Deus ser capaz de transformar nossos desejos em realidade.

Sendo assim, ao saber que o Senhor está sempre disposto a realizar seus sonhos, no que isso muda sua maneira de sonhar? Será que você tem se movido pelo medo da frustração e da decepção, caso o sonho não se realize, ou até do que os outros vão pensar? Ou você tem ousado pedir a Deus pelo impossível?

> **Precisamos reconhecer quais são as "bengalas" que temos pedido a Deus nos últimos anos, e entender que existem coisas infinitamente maiores para sonharmos.**

Hoje, Deus nos pergunta o mesmo que perguntou a Bartimeu: "Que queres que eu te faça?" (Marcos 10.51). E a resposta que dermos determinará qual é a grandiosidade dos nossos sonhos. Se continuarmos pedindo por coisas que nos ajudam apenas a sobreviver nesta vida, diremos a Ele que os nossos sonhos não estão submetidos ao extraordinário, e, sim, amoldados à nossa realidade. Porém, se dermos a resposta certa, o Senhor nos levará a enxergar muito além do que podemos imaginar, algo extravagante que Ele já preparou para as nossas vidas.

Um ótimo exemplo dessa forma de pensar fora da caixa foi Henry Ford, um grande homem de negócios que revolucionou a indústria automobilística. Certa vez, ele disse: "Se eu tivesse perguntado às pessoas o que elas queriam, elas diriam: 'Cavalos mais rápidos'". Isso, porque o principal meio de transporte da época eram os cavalos e as carroças. Ninguém nunca havia visto um automóvel. Assim, enquanto todos responderiam com um pedido que encaixasse em suas realidades, Henry Ford ousou ir além e investir naquilo que viria a ser algo completamente transformador para a sociedade. Todos pediriam uma "bengala", mas Ford teve visão, e sua postura mudou a História.

Assim como Ford, Bartimeu e muitos outros exemplos que podemos encontrar ao longo da História, precisamos reconhecer quais são as "bengalas" que temos pedido a Deus nos últimos anos, e entender que existem coisas infinitamente maiores para sonharmos. Assim como 1 Coríntios nos diz:

> Mas, como está escrito: As coisas que o olho não viu, e o ouvido não ouviu, e não subiram ao coração do homem, são as que Deus preparou para os que o amam. (1 Coríntios 2.9)

A escolha é nossa. Podemos pedir para que Jesus nos dê uma "bengala" para as situações que vivemos;

ou podemos desejar que Ele cure a nossa cegueira. A primeira opção revela sonhos acomodados, enquanto a segunda é uma marca de quem sonha grande.

"Que queres que eu te faça?". E aí, já sabe qual é sua resposta?

Capítulo 2

NÃO SE CONFORME

Todo ser humano possui instintos por natureza. E, embora muitas vezes não nos atentemos a isso, essas inclinações são capazes de determinar várias das nossas atitudes cotidianas, sejam elas positivas ou negativas.

Sendo assim, se analisarmos esses impulsos que carregamos, talvez o mais poderoso entre eles seja o instinto de sobrevivência. Boa parte dos nossos comportamentos no dia a dia são guiados por essa tendência de sempre buscarmos a autopreservação. Tanto que, se pararmos para observar as nossas ações, enxergaremos que estamos sempre nos movendo para longe de qualquer coisa que possa nos prejudicar, buscando sobreviver.

Porém, entre todas as atitudes que esse instinto pode gerar em nós, existe uma conduta em particular que afeta diretamente a nossa capacidade de sonhar: a transferência de responsabilidade. Isso significa que, ao tentar nos proteger do sofrimento por alguma culpa relacionada a algo que não está funcionando como esperávamos, acabamos não tomando a frente da situação nem criando expectativas de melhorar.

Em outras palavras, em vez de tentar consertar o que está errado, estamos sempre procurando alguém ou algo para culparmos pelas coisas que não deram certo em nossas vidas. O tempo todo, buscamos a preservação da nossa própria consciência, e isso nos leva a assumirmos a confortável posição de vítima, que nos exime de toda responsabilidade sobre as nossas frustrações e sonhos não realizados.

> A partir do momento em que não nos enxergamos como responsáveis pelo que nos aconteceu até hoje, também não nos vemos como aqueles que são capazes de mudar o rumo de nossas histórias.

O problema é que, ao nos livrarmos da responsabilidade pelo curso que nossa vida tomou, sem perceber, acabamos desenvolvendo uma mentalidade limitada. Isso, porque, a partir do momento em que não nos enxergamos como responsáveis pelo que nos aconteceu até hoje, também não nos vemos como aqueles que são capazes de mudar o rumo de nossas histórias. Então, paramos de sonhar, pois não acreditamos que vamos conseguir mudar nossa realidade. E assim começa o processo do conformismo.

Consequentemente, podemos nos encontrar vivendo de acordo com uma mentalidade que já se conformou com o presente, e que não tem muita esperança para o futuro. Quando isso acontece, criamos um ambiente tóxico de desesperança ao nosso redor, no qual os sonhos não crescem além daquilo com que estamos acostumados. Por conta disso, nossa realidade acaba se tornando o "limitador dos nossos sonhos".

Entretanto, essa não é a vontade do Pai para nós. O Senhor tem planos incríveis para nossas vidas e sempre nos convida a sonharmos juntamente com Ele. Aliás, a própria Palavra nos garante isso:

> "Porque sou eu que conheço os planos que tenho para vocês", diz o Senhor, "planos de fazê-los prosperar e não de lhes causar dano, planos de dar-lhes esperança e um futuro". (Jeremias 29.11 – NVI)

A verdade é que, quanto mais confiamos que Deus tem grandes coisas reservadas para nós, menos nos conformamos com aquilo que vemos ao nosso redor. A Bíblia inteira está repleta de histórias de pessoas que foram desafiadas pelo Senhor a sonharem além do que os seus ambientes ou temporadas lhes diziam que era possível. E, entre todas elas, a que mais fala ao meu coração é a vida de Eliseu.

Para compreendermos mais sobre a trajetória desse profeta, precisamos também entender um pouco sobre o seu antecessor, Elias, e o contexto no qual esses dois homens exerceram seus ministérios. Todos conhecem a história de Elias pelos grandes milagres que ele operou, mas o que muitas pessoas não sabem é que, antes disso, Israel vinha passando por um longo período no qual nenhuma maravilha surpreendente acontecia há muitos anos. Na verdade, o último homem antes de Elias a experimentar uma vida marcada por sinais constantes da parte de Deus havia sido Josué, e isso fazia muito tempo. Depois dele, as pessoas experimentavam milagres esporádicos, mas não uma vida repleta do sobrenatural, até que o profeta resgatou essa realidade que não era vista há gerações.

> **A verdade é que, quanto mais confiamos que Deus tem grandes coisas reservadas para nós, menos nos conformamos com aquilo que vemos ao nosso redor.**

Foi nesse contexto que Elias escolheu seu sucessor, para que este continuasse com seu estilo de vida de sinais e maravilhas divinos:

> Então Elias saiu de lá e encontrou Eliseu, filho de Safate. Ele estava arando com doze parelhas de bois, e estava conduzindo a décima-segunda parelha. Elias o alcançou e lançou a sua capa sobre ele. Eliseu deixou os bois e correu atrás de Elias.

"Deixa-me dar um beijo de despedida em meu pai e minha mãe", disse, "e então irei contigo". "Vá e volte", respondeu Elias, "pelo que lhe fiz". E Eliseu voltou, apanhou a sua parelha de bois e os matou. Queimou o equipamento de arar para cozinhar a carne e a deu ao povo, e eles comeram. Depois partiu com Elias, e se tornou o seu auxiliar. (1 Reis 19.19-21 – NVI)

Eliseu era um jovem que trabalhava no campo e, provavelmente, nunca havia tido uma experiência com outro ofício que não fosse aquele. Talvez, olhasse para sua vida como agricultor e pensasse que aquela seria a sua profissão até o fim dos seus dias na Terra. Essa era uma realidade com a qual ele poderia facilmente ter se conformado. Porém, Deus tinha outros planos para Eliseu, muito maiores do que o que a vida que ele levava lhe indicava naquele momento.

Essa era exatamente a realidade de Eliseu quando se deparou com Elias, o grande homem de Deus daquela época, que havia trazido a cultura de milagres de volta a Israel. Esse profeta, então, lançou sua capa sobre o rapaz e o convidou a segui-lo. Nesse momento, abriu-se uma janela de oportunidade para Eliseu, e ele tinha uma decisão a tomar: iria se conformar com sua realidade, permanecendo no trabalho do campo, ou ousaria sonhar mais alto e "pular de cabeça" naquilo que Deus tinha para sua vida.

Essa história retrata a primeira vez em que vemos o coração de Eliseu ser testado em relação ao seu inconformismo. Felizmente, ele escolheu viver os sonhos de Deus, abandonando toda a sua vida antiga. Inclusive, a Bíblia afirma que Eliseu queimou seus instrumentos de trabalho agrícola e partiu rumo ao desconhecido, rompendo com todas as possibilidades que teria de voltar ao seu passado. Isso mostra o quanto ele estava disposto a superar suas limitações e circunstâncias em busca de algo novo, com que ele talvez jamais houvesse ousado sonhar.

Após esse dia, Eliseu começou a experimentar um estilo de vida completamente diferente. A parti dali, passou a ver o agir de Deus de perto – através dos milagres operados por Elias – e a servir ao profeta na expectativa de um dia também poder viver, por si mesmo, todas

> O caminho mais fácil e mais "seguro" sempre será nos acostumar cegamente com a realidade em que vivemos.

aquelas maravilhas sobrenaturais. Mas algo importante sobre o novo estilo de vida de Eliseu é que tudo isso era consequência de sua vitória no teste contra o conformismo.

Mas a história de Eliseu continua, nos mostrando que a tentação de se conformar não aparece apenas uma vez em nossas vidas. E isso acontece justamente porque o caminho mais fácil e mais "seguro" sempre será nos acostumar cegamente com a realidade em que vivemos. Podemos até já ter vencido algumas batalhas, mas se não tivermos cuidado e não formos intencionais em superar nossas limitações, acabaremos cedendo à zona de conforto quando nos depararmos com outros momentos decisivos.

Isso também poderia ter acontecido com Eliseu, mas a sua reação nos mostra, mais uma vez, qual é a postura certa contra o conformismo:

> Sucedeu que, quando o SENHOR estava para elevar a Elias num redemoinho ao céu, Elias partiu de Gilgal com Eliseu. E disse Elias a Eliseu: Fica-te aqui, porque o Senhor me enviou a Betel. Porém Eliseu disse: Vive o Senhor, e vive a tua alma, que não te deixarei. E assim foram a Betel. Então os filhos dos profetas que estavam em Betel saíram ao encontro de Eliseu, e lhe disseram: Sabes que o SENHOR hoje tomará o teu senhor por sobre a tua cabeça? E ele disse: Também eu bem o sei; calai-vos. E Elias lhe disse: Eliseu, fica-te aqui, porque o Senhor me enviou a Jericó. Porém ele disse: Vive o Senhor, e vive a tua alma, que não te deixarei. E assim foram a Jericó. Então os filhos dos profetas que estavam em Jericó se chegaram a Eliseu, e lhe disseram: Sabes que o SENHOR hoje tomará o teu senhor por sobre a tua cabeça? E ele disse: Também eu bem o sei; calai-vos. E Elias disse: Fica-te aqui, porque o Senhor me enviou ao Jordão. Mas ele disse: Vive o Senhor, e vive a tua alma, que não te deixarei. E assim ambos foram juntos. E foram cinquenta homens dos filhos dos

profetas, e pararam defronte deles, de longe: e assim ambos pararam junto ao Jordão. Então Elias tomou a sua capa e a dobrou, e feriu as águas, as quais se dividiram para os dois lados; e passaram ambos em seco. Sucedeu que, havendo eles passado, Elias disse a Eliseu: Pede-me o que queres que te faça, antes que seja tomado de ti. E disse Eliseu: Peço-te que haja porção dobrada de teu espírito sobre mim. E disse: Coisa difícil pediste; se me vires quando for tomado de ti, assim se te fará, porém, se não, não se fará. E sucedeu que, indo eles andando e falando, eis que um carro de fogo, com cavalos de fogo, os separou um do outro; e Elias subiu ao céu num redemoinho. O que vendo Eliseu, clamou: Meu pai, meu pai, carros de Israel, e seus cavaleiros! E nunca mais o viu; e, pegando as suas vestes, rasgou-as em duas partes. Também levantou a capa de Elias, que dele caíra; e, voltando-se, parou à margem do Jordão e tomou a capa de Elias, que dele caíra, e feriu as águas, e disse: Onde está o Senhor Deus de Elias? Quando feriu as águas elas se dividiram de um ao outro lado; e Eliseu passou. (2 Reis 2.1-14)

Eliseu estava servindo ao profeta, todos os dias desde que havia deixado a sua casa, na esperança de um dia poder dar continuidade ao seu legado. O rapaz permaneceu com Elias até os últimos instantes, trabalhando para ele e acompanhando-o, focado naquilo que buscava.

Então, estava se aproximando o dia no qual o Senhor levaria Elias aos céus. E Eliseu sabia que, caso se distraísse ou deixasse seu mestre naqueles últimos momentos, ele não receberia o que tanto havia procurado. Assim, decidiu firmemente seguir cada passo de Elias. Por essa razão, Eliseu começou a passar por uma série de situações que testavam sua determinação, e que poderiam ter feito com que muitos de nós desistíssem em seu lugar.

A primeira situação que poderia desanimar ou tentar Eliseu a se conformar foi a ordem do próprio Elias. Sabendo que estava chegando a sua hora, o profeta orientou seu aprendiz para que não o acompanhasse até Betel, mas que esperasse ali no lugar onde estavam. Porém, ele disse que não o deixaria em hipótese alguma. Pense bem: Nem mesmo o profeta a quem ele servia foi capaz de fazê-lo desistir do seu propósito! E não parou por aí. A mesma situação ainda se repetiu mais duas vezes, quando Elias estava indo a Jericó e ao Jordão, mas a resposta de Eliseu foi sempre a mesma: "Vive o Senhor, e vive a tua alma, que não te deixarei".

Além disso, em cada cidade a que Eliseu chegava, os filhos dos profetas buscavam desencorajá-lo, ressaltando o fato de que Elias estava para ser levado por Deus. Porém, Eliseu também não lhes deu ouvidos, e disse a eles para que se calassem. A verdade é que nada poderia tirar seu foco de seus sonhos. Nem os filhos dos profetas nem mesmo o próprio mestre Elias.

Então, Elias tomou a sua capa e feriu as águas do rio Jordão, que se abriram, fazendo com que os dois atravessassem a seco para o outro lado. Havia chegado a hora em que ele seria levado pelo Senhor. Mas, antes de ir, fez uma pergunta chave a Eliseu: "O que quer que eu faça por você antes que eu vá?". Nesse momento, já começamos a ver a recompensa que Eliseu recebeu por perseverar em busca do que desejava. Mas a história continua nos fazendo perceber qual é a mentalidade que a Palavra nos ensina a ter para combater o conformismo.

Diante da pergunta de Elias, Eliseu poderia ter apenas pedido pela unção de seu antecessor, para que ele operasse os mesmos sinais e mantivesse o mesmo nível de mover profético que havia presenciado. Afinal, estamos falando de Elias! Não seria um absurdo se Eliseu pensasse que o grau de unção que seu mestre havia atingido seria o máximo que ele poderia alcançar.

Porém, o aprendiz não havia se conformado nem mesmo com a realidade do ministério de um dos maiores profetas da História. Ele ousou pedir algo que muitos de nós teríamos medo: o dobro da unção de Elias.

Eliseu nem precisou pensar para dar essa resposta, pois já sabia exatamente o que queria. Na verdade, aquele anseio já fazia parte de quem ele era. O discípulo de Elias queria tanto aquilo que, quando a oportunidade se apresentou, ele não hesitou. Pense comigo: para ter uma reação tão pronta, ele provavelmente já sonhava com isso há anos, ao ponto de incorporar esse objetivo como parte de sua vida.

Assim também nós devemos fazer com os nossos sonhos. Será que, se hoje recebêssemos uma oportunidade como a de Eliseu, hesitaríamos por não saber o que queremos? Precisamos estar tão focados e apaixonados por nossos objetivos que, quando a porta se abrir, nós entraremos por ela sem olhar para trás. Afinal, esperamos muito tempo por esse momento.

Aliás, podemos ver claramente a diferença que isso fez nessa história de Eliseu, pois enquanto todos estavam abismados com a unção que o profeta Elias carregava, seu aprendiz já estava quilômetros à frente, pensando: "Eu quero o dobro do que ele tem". Aquela resposta foi apenas fruto do sonho que já estava em seu coração.

> Não basta lutarmos contra o conformismo se não entendermos a razão de isso ser tão importante.

Na verdade, Eliseu foi tão ousado e inconformado em seu pedido, que assustou até mesmo seu mestre. Tanto que o próprio profeta disse: "Coisa difícil pediste". Por isso, Elias deixou nas mãos de Deus a resposta ao pedido de Eliseu, com a condição de um sinal: "Se me vires quando for tomado de ti, assim se te fará, porém, se não, não te fará".

Agora, imagine a cena que vem a seguir: um redemoinho de vento surgindo e levando Elias embora, e uma carruagem de fogo descendo do Céu à Terra, separando-o de seu discípulo. O interessante é que, mesmo em meio a tudo isso, Eliseu manteve os seus

> **É impossível viver os sonhos de Deus se permanecermos conformados com a nossa realidade atual.**

olhos fixos no profeta. Ele estava tão concentrado em seu objetivo, que conseguiu recuperar as vestes de Elias depois do seu arrebatamento. Vestes que foram soltas no meio de um furacão!

Se Eliseu fosse alguém que se conformava com as dificuldades e se vitimizava, o próximo capítulo da Bíblia poderia ser completamente diferente. Poderíamos encontrá-lo dizendo algo como: "Eu até tentei fixar meus olhos em Elias, mas veio um redemoinho, e depois, para piorar, uma carruagem de fogo, e eu não consegui manter o meu foco. Se não fossem por essas coisas, eu teria conseguido. Não é justo!".

É por esses e outros motivos que Eliseu nos ensina não apenas a sonhar coisas que estão além da nossa realidade, mas também a estar dispostos a fazer o que for preciso para realizá-las. Ele nos mostra como deve ser uma vida inconformada, não apenas com teoria e espiritualidade, mas com intencionalidade e esforço.

Em seguida, após pegar o manto de Elias, Eliseu usou-o para ferir as águas do rio Jordão como seu mestre havia feito anteriormente. Então as águas se abriram mais uma vez e ele atravessou a seco, exatamente como tinha acontecido com o profeta a quem ele seguia. Esse foi o primeiro – e muito claro – sinal de que o mesmo espírito que estava sobre Elias, agora, repousava sobre Eliseu. E isso foi só o começo.

Se continuarmos lendo a história do profeta Eliseu até o fim, veremos algo muito interessante: ele concluiu sua vida tendo realizado nada menos do que o dobro de milagres de Elias. Na realidade, ele carregava tanto de Deus que até mesmo os seus ossos eram capazes de ressuscitar mortos (2 Reis 13.21). Tudo porque ele não se conformou com a realidade em que se encontrava.

A verdade é que sempre estamos sendo tentados a olhar para o que vivemos hoje e a nos conformar com o que já possuímos. Seja por falta de fé de que somos capazes de ir além, ou mesmo por comodidade, todos nos encontramos batalhando contra essa mentalidade em algum momento. Mas não basta lutarmos contra o conformismo se não entendermos a razão de isso ser tão importante. Por que nunca devemos nos limitar a aceitar o que já temos em nossas vidas?

O motivo, embora seja simples, é muito poderoso. É impossível viver os sonhos de Deus se permanecermos conformados com a nossa realidade atual. Não importa se estamos no momento mais difícil de nossas vidas, em que nos sentimos no fundo do poço, ou se estamos

> **Renunciar ao conformismo é deixar de fazer planos baseados no que os nossos olhos naturais podem ver.**

vivendo os dias mais incríveis que já experimentamos, em que parece que já conquistamos tudo o que queríamos. Ele sempre tem mais para nós.

De fato, isso fica muito claro quando compreendemos quem Deus realmente é, o Todo-Poderoso, uma fonte inesgotável. Então, entendemos que não existem limites para o que Ele pode fazer, nem para os Seus planos para nós. Foi por isso que Eliseu ousou pedir o dobro da unção de Elias. Ele entendeu que não havia limitações para o poder de Deus. Ainda que seus olhos naturais não vissem, o seu entendimento e a sua confiança em quem o Senhor é e nos Seus planos para ele falaram mais alto.

Dessa forma, algo que podemos aprender com a história de Eliseu é que renunciar ao conformismo é deixar de fazer planos baseados no que os nossos olhos naturais podem ver. Em vez disso, devemos permitir que o coração de Deus nos reensine a sonhar.

No entanto, é muito mais fácil falar do que, de fato, fazer. Só é possível descobrir o verdadeiro desafio de abrir mão do que é familiar e confortável para nós quando tomamos a decisão de realmente irmos além e rompermos com a nossa realidade.

Eu me lembro do exato momento em que fui desafiado a abandonar um estado de acomodação e conforto para perseguir os sonhos de Deus para minha vida. Isso foi há alguns anos, quando comecei a construir a minha carreira dentro de um grande banco. Com muito trabalho duro, consegui trilhar um caminho de sucesso no meu emprego, conquistando a confiança não apenas dos meus colegas de trabalho, mas também dos meus superiores e clientes.

Naquela época, a minha carreira estava decolando, e eu usufruía de vários benefícios por conta da minha posição na empresa. Tinha acesso a um dos melhores planos de saúde do país – que se estendia também à minha esposa – além de um ótimo vale-refeição, que me permitia comer nos melhores restaurantes. Cheguei até mesmo a ganhar uma participação nos lucros do banco, o que melhorava substancialmente minha condição financeira e aumentava minha estabilidade.

Mantendo aquele padrão, eu podia dar uma boa vida para a Fabíola, minha esposa, permitindo que ela estudasse e fizesse o que bem entendesse. Poderia também garantir que meus futuros filhos tivessem acesso à boa educação. Era uma posição muito confortável, e eu me sentia acomodado em meio a tamanha estabilidade. Porém, a verdade é que, dentro de mim, havia o desejo de ir além daquilo. E foi exatamente quando tive essa consciência que me senti desafiado a lutar contra o comodismo no qual eu me encontrava.

Na prática, isso aconteceu quando a Fabíola começou seu canal no YouTube. Eu me lembro de que olhava para aquela iniciativa, que parecia ser uma coisa pequena na perspectiva humana, e via um potencial enorme. Então, aquilo começou a me desafiar. Eu sabia que todo projeto que está no início requer muita dedicação e trabalho duro. Por conta disso, para que aquela ideia de ter um canal relevante desse certo, demandaria muito tempo e energia, e essas eram coisas que eu não conseguiria fornecer enquanto trabalhasse no banco. Se eu realmente quisesse fazer o canal acontecer, seria necessário arriscar minha carreira.

Por meses, eu travei uma batalha em meu coração, pois ao mesmo tempo em que sentia o Senhor me mostrando o potencial que havia naquele canal, eu tinha medo de perder todo o conforto que havia conquistado. Eu me perguntava: "O que acontecerá se eu abrir mão do padrão que tenho hoje e essa ideia não decolar? E se não der certo?". O medo de perder o que eu já tinha estava me impedindo de sonhar os sonhos de Deus para minha família.

Porém, algo dentro de mim começou a me impulsionar a fazer outro tipo de pergunta: "Mas e se der certo? O que acontecerá?". Eu percebi, então, que, se aquela ideia crescesse e se tornasse o que acreditávamos que ela poderia ser, conseguiríamos ir muito além do que eu jamais alcançaria trabalhando no banco. Eu seria capaz de abençoar bem mais pessoas se confiasse nos sonhos que Deus estava colocando em nossa frente. Não só isso, mas eu e minha família viveríamos uma grande aventura com Ele e, de quebra, influenciaríamos pessoas a serem mais como Jesus.

Assim, passei a entender que aquela tensão na qual eu me encontrava era, na verdade, um convite de Deus para que eu parasse de depositar a minha confiança no bom emprego que tinha, e passasse a depender totalmente do Seu agir, entrando de vez no Seu propósito para minha vida. Então, depois de lutar comigo mesmo por bastante tempo, decidi aceitar o caminho que o Senhor estava me chamando a trilhar. Abri mão da minha carreira no banco e me aventurei no desconhecido território dos sonhos de Deus.

Eu me lembro até hoje do espanto dos meus chefes quando lhes comuniquei que estava deixando o meu emprego. Eles acharam que eu era louco por renunciar uma posição tão confortável e cômoda para arriscar tudo em um projeto como aquele. Além disso, eu cheguei a receber propostas extremamente vantajosas de outros bancos, que ainda teriam me colocado em uma posição superior à que eu tinha na época. Porém, a verdade é que nenhuma oferta no mundo poderia me proporcionar a oportunidade de sonhar os sonhos de Deus.

> **Não são as pessoas acomodadas que mudam o mundo, mas sim as inconformadas.**

Entretanto, o que muitos pensam é que, quando eu saí pelas portas daquele banco, as coisas começaram a acontecer imediatamente e o canal da Fabíola cresceu como nunca. Mas não foi tão fácil assim. Como eu disse antes, foi necessário muito trabalho duro para que fizéssemos o nosso sonho acontecer, e houve muitos dias em que eu questionei a decisão que tinha tomado. Foram várias as vezes em que meu coração sentia falta da situação confortável que nós tínhamos antes. Mas era nesses momentos que eu me agarrava no Deus do impossível, e Ele me dava forças para seguir sonhando.

Hoje, o canal da Fabíola cresceu e tem espalhado as Boas Novas do Evangelho para milhares de pessoas ao redor do Brasil e do mundo. Aquilo que começou apenas como um sonho ousado se tornou um instrumento de transformação nas mãos do Senhor. Mas impactar outras pessoas foi apenas a consequência da nossa decisão. Em primeiro lugar, abandonar o conformismo levou nossas vidas para outro patamar. Se não fosse pela escolha de deixar a zona de conforto e perseguir os sonhos de Deus, eu provavelmente estaria trabalhando no banco até hoje, e você não estaria lendo este livro.

Como mencionei, Deus sempre tem mais para nós e nos convida a sonhar em parceria com Ele. Não há garantias de que será fácil, mas sim de que será infinitamente melhor do que uma vida de conformidade. E sabe o que é mais curioso sobre isso? Não são as pessoas acomodadas que mudam o mundo, mas sim as inconformadas. São aquelas que simplesmente não se rendem à maneira como as coisas são que fazem história. E não se engane, Deus o chamou para fazer história com Ele.

Hoje, existem vários problemas no mundo para os quais nós não temos soluções, como enfermidades que não têm cura, injustiças sociais, conflitos internacionais que custam a vida de milhares de pessoas, entre muitas outras coisas. Porém, a resposta para essas situações pode estar apenas esperando por uma pessoa inconformada, que não somente não aceita esses problemas, mas dedica sua vida a sonhar com as saídas que ninguém nunca encontrou. Quem sabe esse não seja você?

Por que não seria você a pessoa a descobrir a cura do câncer? Talvez, o primeiro da sua família a se formar na universidade, ou a ter um casamento bem-sucedido? Essas coisas podem parecer fora de alcance aos olhos humanos, mas lembre-se: para Deus, nada é impossível. E Ele quer que digamos "sim" aos Seus sonhos, para que possamos ser usados para mudar a vida de muitas outras pessoas. E é justamente sobre isso que a Bíblia fala em Efésios 3:

> **Tudo o que precisamos fazer é sonhar com Ele.**

> Ora, àquele que é poderoso para fazer tudo muito mais abundantemente além daquilo que pedimos ou pensamos, segundo o poder que em nós opera. (Efésios 3.20)

Diante dessa verdade, o Senhor nos desafia, hoje, a analisarmos quais são as áreas da nossa vida em que deixamos de sonhar com ousadia, e estamos apenas buscando sobreviver. Não importa se nos conformamos com a falta de perspectiva de melhorar nossa realidade, ou com uma posição confortável que conquistamos, Deus tem coisas infinitamente maiores para nós. Tudo o que precisamos fazer é sonhar com Ele.

Da mesma forma que Eliseu nunca se acomodou, nós somos chamados para sermos eternos inconformados, buscando sempre coisas ainda maiores do que o que temos hoje. Na verdade, devemos fazer isso até que nos tornemos "viciados" em sonhar os sonhos de Deus. Até que tenhamos uma nova mentalidade, que não busca apenas sobreviver, mas que tem coragem de encontrar vida, e vida em abundância.

> **E não sede conformados** com este mundo, mas sede transformados pela renovação do vosso entendimento, para que experimenteis qual seja a boa, agradável, e perfeita vontade de Deus. (Romanos 12.2 – grifo do autor)

> Nós somos chamados para sermos eternos inconformados, buscando sempre coisas ainda maiores do que o que temos hoje.

Portanto, destrua hoje mesmo qualquer limitação que você tenha colocado para os seus sonhos. Deixe de lado toda e qualquer desculpa que você tenha usado ao longo dos anos, e comece a renovar a sua mente, de forma que seus sonhos sejam tão grandes que assustem outras pessoas. Assim, você alcançará um nível tão alto, mas tão alto, de inconformismo e ousadia que parecerá loucura para este mundo. E é nesse momento que você poderá dizer a eles: "Eu sou um inconformado. Se não for para sonhar com o impossível, eu prefiro nem sonhar".

Capítulo 3

MUDANÇA DE MENTALIDADE

Entre todas as lutas que travamos em nossas vidas, talvez a mais complexa seja aquela que acontece no campo de batalhas da mente. Isso, porque é ali que está o controle de todas as nossas ações. Ou seja, se temos uma mentalidade fraca e confusa, tornamo-nos presas fáceis para pensamentos destrutivos. E estes, por sua vez, fazem com que tenhamos comportamentos que não condizem com aquilo que o Senhor planejou para nós. Em contrapartida, quando nossa mente está alinhada com Cristo, nossas atitudes nos levam para a direção dos sonhos de Deus e do nosso destino. A verdade é que tudo acontece dentro da nossa cabeça.

> Se temos uma mentalidade fraca e confusa, tornamo-nos presas fáceis para pensamentos destrutivos.

Por essa razão, apesar de muitas pessoas dizerem que nós somos fruto das nossas ações, o que nós somos, de fato, é o resultado da nossa mentalidade. Afinal, é ela que determina as escolhas que fazemos e os caminhos que tomamos, moldando a nossa realidade.

Entretanto, o que acontece é que, muitas vezes, nós nos preocupamos tanto com as nossas emoções ou com as coisas materiais que nos esquecemos da importância da nossa mente. Com isso, deixamos de notar que praticamente toda atitude que tomamos está conectada a uma mentalidade que atua em nossas vidas. E essa percepção é tão fundamental justamente porque, se conseguirmos identificar quais são os padrões de pensamentos que temos seguido, teremos um panorama mais claro do porquê estamos presos a algumas situações. Mais do que isso, se entendermos quais ideias devemos preservar e quais devemos combater, seremos capazes de discernir o que fazer para ir além de onde nós estamos.

Mas, para isso, algo que precisamos compreender é que toda mentalidade é estabelecida por um contexto. Ninguém simplesmente adquire uma forma de pensar

> **Apesar de muitas pessoas dizerem que nós somos fruto das nossas ações, o que nós somos, de fato, é o resultado da nossa mentalidade.**

do nada. Esse processo é resultado de uma série de fatores que modelam a maneira como enxergamos o mundo e fazemos nossas escolhas. Circunstâncias como o lugar em que vivemos, a condição financeira que temos e a família na qual nascemos têm uma grande influência sobre as nossas vidas e nossos sonhos, ainda que não percebamos.

Sendo assim, se queremos ter uma vida melhor e ser capazes de desejar os sonhos de Deus para nós, precisamos analisar o estado dos nossos pensamentos, afinal toda transformação começa na mente. A própria Palavra de Deus nos mostra isso em Romanos:

> E não sede conformados com este mundo, **mas sede transformados pela renovação do vosso entendimento**, para que experimenteis qual seja a boa, agradável, e perfeita vontade de Deus. (Romanos 12.2 – grifo do autor)

Portanto, a renovação dos nossos pensamentos e o reajuste da nossa mente são fundamentais. E um ótimo exemplo da importância dessas duas ações é a história de Moisés liderando o povo hebreu para a Terra Prometida.

Apesar de essa passagem ser muito conhecida, é necessário entendermos o contexto no qual ela aconteceu. O povo de Deus era escravo no Egito havia muito tempo, debaixo do governo do faraó. Eles sofriam muito por conta das duras condições de vida e, por isso, clamaram ao Senhor durante anos por sua liberdade. Até que Deus respondeu através de Moisés, levantando-o como o libertador dos hebreus.

Então, após vários sinais e maravilhas operados por Deus por meio de Moisés, o povo foi milagrosamente liberto do Egito e partiu em direção ao plano original que o Senhor tinha para eles: a Terra Prometida. Esse trajeto demorou quarenta anos para ser concluído, mas, depois desse tempo, finalmente chegaram perto de seu destino.

Nesse momento, às portas de Canaã, Moisés enviou doze espias para se infiltrarem no território e retornarem após quarenta dias com um relatório do que os aguardava. E é justamente aqui que nos deparamos com um dos maiores exemplos bíblicos a respeito do poder da mentalidade e de como ela pode afetar drasticamente a nossa capacidade de sonhar:

> E eles voltaram de espiar a terra, ao fim de quarenta dias. E caminharam, e vieram a Moisés e a Arão, e a toda a congregação dos filhos de Israel no deserto de Pará, em Cades; e deram-lhes notícias, a eles, e a toda a congregação, e mostraram-lhes o fruto da terra. E contaram-lhe, e disseram: Fomos à terra a que nos enviaste; e verdadeiramente mana leite e mel, e este é o seu fruto. O povo, porém, que habita nessa terra é poderoso, e as cidades fortificadas e mui grandes; e também ali vimos os filhos de Anaque. Os amalequitas habitam na terra do sul; e os heteus, e os jebuseus, e os amorreus habitam na montanha; e os cananeus habitam junto do mar, e pela

margem do Jordão. Então Calebe fez calar o povo perante Moisés, e disse: Certamente subiremos e a possuiremos em herança; porque seguramente prevaleceremos contra ela. Porém, os homens que com ele subiram disseram: Não poderemos subir contra aquele povo, porque é mais forte do que nós. E infamaram a terra que tinham espiado, dizendo aos filhos de Israel: A terra, pela qual passamos a espiá-la, é terra que consome os seus moradores; e todo o povo que vimos nela são homens de grande estatura. Também vimos ali gigantes, filhos de Anaque, descendentes dos gigantes; e éramos aos nossos olhos como gafanhotos, e assim também éramos aos seus olhos. (Números 13.25-33)

Entenda isso: todos os doze espias reconheceram que a terra que o Senhor havia prometido era boa, porém apenas Josué e Calebe olharam para ela com coragem e certeza de que a tomariam como herança. Os outros tiveram medo dos inimigos que estavam em Canaã, e consideraram impossível o cumprimento daquela promessa para Israel.

> **Eles haviam saído do Egito, mas o Egito não havia saído deles.**

Diante dessa comparação, podemos nos perguntar: "Qual foi a diferença entre os dez espias e Josué e Calebe?". A resposta é simples: a mentalidade.

Enquanto os dois enxergavam a eles mesmos e os outros hebreus como pessoas libertas e capazes de conquistar as promessas e sonhos do Senhor, o resto do povo, representado pelos dez espias, ainda se via como escravo, mesmo após todos aqueles anos de liberdade. Eles haviam saído do Egito, mas o Egito não havia saído deles.

Na verdade, o que essa história nos mostra é que, ainda que vejamos a mão de Deus operando sinais e maravilhas para nos tirar de um lugar de escravidão em nossa jornada, se não passarmos por um processo de mudança de mentalidade, isso não gerará transformação verdadeira. Ao ser libertos de alguma situação, não importa o quanto o nosso exterior mude, se não entendermos quem somos em Deus, permaneceremos escravos interiormente. E escravos não conseguem sonhar alto.

> Ou abraçamos a ideia de que precisamos ter nossas mentes renovadas, ou estamos fadados a não entrarmos na "Terra Prometida" que o Senhor tem para nós.

Sendo assim, se queremos viver os sonhos que o Senhor tem planejado para nós, precisamos entender que isso requer nova mentalidade. Em outras palavras, a maneira de pensar que era eficaz para lidar com os problemas de ontem não funciona para as situações de hoje. Ou abraçamos a ideia de que precisamos ter nossas mentes renovadas, ou estamos fadados a não entrarmos na "Terra Prometida" que o Senhor tem para nós.

Ou seja, se não entendermos que Jesus Cristo já nos libertou na cruz, permaneceremos atrelados àquilo que um dia nos aprisionou. Você não é mais escravo das suas circunstâncias, do seu passado ou da sua realidade presente, pois o Filho o fez "verdadeiramente livre" (João 8.36). A única coisa que está no caminho é a sua mentalidade, que precisa abandonar a escravidão e desfrutar da liberdade.

Mas como podemos iniciar o processo de renovação da nossa mentalidade? Muitas pessoas podem até ter "fórmulas mágicas" para que a mudança no campo dos pensamentos ocorra, porém, a única maneira continua sendo ter um relacionamento profundo e verdadeiro com o Senhor. E não poderia ser diferente, uma vez que o melhor exemplo de mente que podemos ter é a de Cristo (1 Coríntios 2.16), que carrega em si os valores do Reino de Deus. Consequentemente, quando passamos tempo na presença de Jesus, Ele se encarrega de nos apresentar esses princípios. E à medida que somos expostos à cultura celestial, nós a absorvemos em nossas vidas. Então, a mudança que ocorre dentro de nós começa a se manifestar através de nossas atitudes.

> A única coisa que está no caminho é a sua mentalidade, que precisa abandonar a escravidão e desfrutar da liberdade.

Infelizmente, existem pessoas que buscam um novo estilo de vida sem experimentar uma transformação real na mente. Normalmente, isso acontece porque elas querem os benefícios da mudança sem ter de passar pela dor da desconstrução dos velhos padrões de pensamento. Isto é, desejam chegar a lugares diferentes trilhando os mesmos caminhos, o que é impossível. Como resultado, isso leva a uma mudança apenas de comportamento, que tem a aparência de transformação, mas não atinge, de fato, o coração. Então, aqueles que se enganam dessa forma começam a tentar mostrar frutos de um processo que não ocorreu de verdade, e acabam executando uma *performance*, simulando algo que não existe em seu interior.

> A verdade é que não adianta ir para um novo lugar e não mudar de mentalidade.

Outros acreditam que, se mudarem de ambiente, passarão por uma transformação de vida. Pensam que, se apenas forem para a igreja, isso será o suficiente para alterar completamente suas realidades. Contudo, a verdade é que não adianta ir para um novo lugar e não mudar de mentalidade. Não são os bancos da congregação que mudarão sua vida, e sim o fato de você deixar o verdadeiro Evangelho transformar sua mente. Mais importante do que o local em que nos encontramos é a forma como pensamos, isso é o que determina nosso destino.

Eu já conheci várias pessoas que acreditam que as coisas não acontecem para elas por causa do local em que se encontram. Porém, é necessário entender que o mais importante é a mentalidade, e não o ambiente. Eu mesmo já morei em lugares com condições desfavoráveis, como no sertão do Ceará, por exemplo. Mas eu nunca deixei que aquilo me impedisse de sonhar e de ser usado pelo Senhor, pois a minha mente não estava condicionada à realidade da minha localização terrena, e sim à verdade celestial.

> Não são os bancos da congregação que mudarão sua vida, e sim o fato de você deixar o verdadeiro Evangelho transformar sua mente.

Sendo assim, não adianta mudarmos o nosso ambiente, comportamento, situação financeira ou emprego se não renovarmos a nossa mente. Será apenas uma "transformação estéril", pois, embora as coisas pareçam estar diferentes, não haverá frutos verdadeiros. Assim, ao tentar viver uma realidade distinta, começando de fora para dentro, estaremos no caminho inverso.

Isso fica evidente no comportamento do povo de Israel durante sua caminhada no deserto, que até aparentava ter abandonado a mentalidade de escravidão, glorificando a Deus e seguindo a liderança de Moisés em direção à promessa, porém, ao primeiro sinal de problemas, eles reclamavam e diziam sentir falta do Egito. Não havia consistência em sua transformação, pois ela não tinha ocorrido de forma genuína. Isso aconteceu durante toda a travessia, e pode ser exemplificado no capítulo que sucede o relatório dos espias:

> Então toda a congregação levantou a sua voz; e o povo chorou naquela noite. E todos os filhos de Israel murmuraram contra Moisés e contra Arão; e toda a congregação lhes disse: Quem dera tivéssemos morrido na terra do Egito! Ou, mesmo neste deserto! E por que o Senhor nos traz a esta terra, para cairmos à espada, e para que nossas mulheres e nossas crianças sejam por presa? Não nos seria melhor voltarmos ao Egito? E diziam uns aos outros: Constituamos um líder, e voltemos ao Egito. Então Moisés e Arão caíram sobre os seus rostos perante toda a congregação dos filhos de Israel. E Josué, filho de Num, e Calebe filho de Jefoné, dos que espiaram a terra, rasgaram as suas vestes. E falaram a toda a congregação dos filhos de Israel, dizendo: A terra pela qual passamos a espiar é terra muito boa. Se o Senhor se agradar de nós, então nos porá nesta terra, e no-la dará; terra que mana leite e mel. Tão-somente não sejais rebeldes contra o Senhor, e não temais o povo dessa terra, porquanto são eles nosso pão; retirou-se deles o seu amparo, e o Senhor é conosco; não os temais. (Números 14.1-9)

Enquanto Josué e Calebe escolheram confiar no Deus que havia lhes prometido aquela terra, o povo de Israel se acovardava em virtude de sua mentalidade de escravo. Da mesma maneira, uma mente que não acredita plenamente no Senhor e em Seu amor sempre estará suscetível a ser escravizada pelo medo. O temor que eles sentiam dos inimigos era maior do que a sua confiança em Deus, e isso fez com que a maioria dos que saíram do Egito nunca entrasse em Canaã.

Infelizmente, nós também podemos perder a promessa. Ou cremos na bondade do nosso Pai para vivermos Seus planos, ou nos deixamos levar pelo medo e perecemos. A escolha é nossa.

Ao ler essa passagem bíblica, muitas vezes, a nossa tendência é ficar irritados com a postura do povo de Israel, que virava as costas ao Senhor sempre que havia algum obstáculo. Mas a verdade é que nós mesmos temos áreas em nossas vidas nas quais vivemos presos a um comportamento bem parecido com o deles. Ou seja, caminhamos firmes com Deus, até que passamos pela primeira dificuldade.

Muitas pessoas hoje, lamentavelmente, carregam essa falsa confiança no Senhor. Assim, sua fidelidade a Cristo acaba sendo firmada no quão vantajoso é andar com Ele, e não no amor verdadeiro por Jesus. Isso revela um relacionamento baseado em interesses. A partir do momento em que achamos que a nossa confiança em Cristo não está "dando os resultados" que queremos, vamos atrás de algo mais produtivo e seguro. Quantas vezes adotamos o discurso de que cremos completamente em Deus e em Suas promessas,

> **Sermos abençoados não quer dizer que estamos sendo transformados.**

mas quando as tribulações surgem e os inimigos se levantam contra nós, imediatamente duvidamos d'Ele e retornamos à nossa mentalidade antiga. E é exatamente assim que nasce em nós um quadro de hipocrisia.

Por isso, precisamos estar sempre atentos aos nossos pensamentos, para identificarmos quais são as áreas em que caminhamos em verdadeira transformação e em quais ainda não fomos realmente mudados.

Algo que pode nos passar uma falsa impressão dessa evolução é o contato com as bênçãos do Senhor ao longo de nossa jornada. Quando percebemos o agir de Deus acontecendo através de curas, portas abertas, livramentos e milagres, temos a tendência de nos apegar a tudo isso como evidência de que está tudo indo bem e de que o processo de renovação de mente está mais forte do que nunca. Afinal, se o meu relacionamento com o Senhor estivesse indo mal, Ele não estaria operando essas coisas em minha vida, não é mesmo?

Entretanto, sermos abençoados não quer dizer que estamos sendo transformados. São duas coisas diferentes, e isso fica claro quando analisamos todas as bênçãos e milagres que o povo de Israel presenciou em sua trajetória até a Terra Prometida. Eles viram tantos sinais que é até difícil de acreditar. Para começar, foram libertos do Egito pelo agir poderoso de Deus, que enviou dez pragas para assolar a nação opressora até que o faraó desistisse de mantê-los em cativeiro. Depois disso, quando o rei se arrependeu e perseguiu o povo com seu exército, o Senhor literalmente abriu o Mar Vermelho para que eles atravessassem e escapassem da morte. E, como se não bastasse, na jornada até a Terra Prometida, os hebreus foram guiados por uma coluna de nuvem durante o dia e uma de fogo durante a noite. Além de tudo, eles se alimentavam de pão e carne providos pelo Pai, e suas vestes e sandálias não se deterioravam com o tempo no deserto.

Poderíamos citar inúmeras outras bênçãos que Israel recebeu do Senhor, apenas para mostrar que elas não geraram transformação na mentalidade daquelas pessoas. Isso fica evidente pelo fato de que, apesar de serem infinitamente abençoados, continuavam murmurando e sentindo saudades do Egito, onde eram escravos. Mostravam-se incapazes de sonhar com o que Deus havia planejado para eles, e é assim que nós nos tornamos quando não passamos por uma mudança real na nossa forma de pensar.

Realmente é fácil agirmos como pessoas transformadas quando tudo vai bem. Mas são os momentos difíceis que testam o quanto a nossa mentalidade já foi renovada, expondo tanto o nosso progresso quanto aquilo que ainda precisamos melhorar. Por isso, é necessário batalhar por nossa mente, buscando sempre neutralizar os pensamentos que nos afastam dos planos do Senhor e fortalecer a nossa confiança nos Seus sonhos para nós.

Assim, ainda que tudo pareça estar desmoronando, temos de entender que estes são os momentos em que nós somos provados, com objetivo de desenvolver a nossa fé em qualquer situação, seja boa ou má. Afinal de contas, será que conhecemos a Deus o suficiente para confiarmos n'Ele mesmo quando as coisas não estão saindo do nosso jeito, e no nosso tempo? Será que o nosso relacionamento com o Senhor é forte o bastante para superar uma estação de deserto? Não se engane, meu amigo: haverá momentos em que a nossa confiança em Deus e a nossa mente transformada serão postos à prova.

Eu me lembro de quando vivi um desses momentos em minha história. Morando em Fortaleza e fazendo faculdade, encontrava-me no meio de uma realidade bastante paradoxal. Eu havia acabado de entregar meu coração a Jesus e estava vivendo coisas incríveis com Ele, mas, ao mesmo tempo, estava passando por uma das maiores crises financeiras da minha vida. As coisas estavam tão difíceis que eu já não tinha mais onde morar, pois não conseguia pagar o aluguel.

Foi quando me mudei para o apartamento de um amigo, que me deixou permanecer com ele durante aqueles dias complicados. Porém, aquilo não durou muito tempo, pois ele acabou engravidando sua namorada e precisou que eu saísse para que ela pudesse vir morar com ele.

As coisas só pareciam piorar. Eu havia me mudado para Fortaleza para perseguir os meus sonhos, mas não consegui encontrar um imóvel dentro das minhas condições financeiras. Eu já não via mais saída que não fosse retornar para a minha cidade natal, Morada Nova, um município no interior do estado do Ceará. Sentia como se todas as promessas que eu tinha recebido de Deus estivessem indo por água abaixo; e me mudar de volta para a minha cidade seria como o "último prego no caixão", que selaria o meu retrocesso e fracasso.

Nessa fase, meus pais acabaram vindo até a capital para me ajudarem a procurar um apartamento. No entanto, mediante as nossas tentativas frustradas, eu disse à minha mãe: "Mãe, o sonho acabou. Eu vou arrumar as minhas coisas e retornar para nossa cidade". Eu havia perdido praticamente toda a esperança. E foi exatamente naquela hora que a minha confiança em Deus e a minha mentalidade foram colocadas à prova.

Entretanto, graças ao Senhor, minha mãe sabiamente me respondeu: "Filho, você tem uma promessa de Deus? Pois quem tem uma promessa de Deus tem tudo". Imediatamente, eu a abracei e comecei a chorar, pois ali eu pude perceber o conflito que estava acontecendo em meu interior, em que uma mentalidade renovada e transformada estava batalhando contra os antigos medos e a falta de fé.

Justamente naquela hora, o celular do meu pai tocou. Do outro lado da linha, estava um grande amigo dele. De alguma forma, ele ficara sabendo a respeito da situação que eu estava passando, e disse para o meu pai: "Por que você não me falou sobre isso antes? Eu tenho um apartamento em Fortaleza totalmente mobiliado. Pode levar o seu filho para morar lá, e diga ao Samuel que ele não precisa se preocupar com nada".

> **Sempre que atravessamos uma tribulação, estamos diante da oportunidade de termos nossas mentes renovadas e nossa fé fortalecida.**

Então as palavras da minha mãe ecoaram em meu interior para nunca mais se calarem: "Você tem uma promessa de Deus? Porque quem tem uma promessa de Deus, tem tudo".

Nessa fase tão difícil que enfrentei em minha vida, eu cheguei a ter a mesma postura do povo de Israel, que cogitou voltar para o local de onde haviam saído, pois as coisas estavam complicadas. Mas o Senhor sempre esteve no controle de tudo e, durante aquele deserto pelo qual passei, Ele me manteve de pé.

Do mesmo modo, sempre que atravessamos uma tribulação, estamos diante da oportunidade de termos nossas mentes renovadas e nossa fé fortalecida. E se perseverarmos e permanecermos firmes durante a provação, sairemos dela com uma forma de pensar cada vez mais próxima da de Cristo, capaz de sonhar os sonhos mais ousados que Deus tem para nós.

Contudo, existe algo muito importante que precisamos entender sobre a mentalidade: ela está diretamente ligada ao nosso foco. A principal diferença que existia entre Josué e Calebe e os outros dez espias estava naquilo em que escolheram dar ênfase dentro da Terra Prometida. Enquanto dez se concentraram principalmente nas dificuldades e nos inimigos que habitavam em Canaã, os outros dois preferiram manter os olhos fixos na promessa do Senhor.

> **O mais importante é que protejamos a nossa confiança, não permitindo que a falta de fé daqueles que estão à nossa volta contamine nossa mente.**

Sendo assim, a pergunta é inevitável: onde você tem colocado o seu foco? Você tem sido capaz de enxergar além das dificuldades e manter os sonhos de Deus vivos em seu coração? Ou tem prestado mais atenção nos obstáculos que estão entre você e a promessa? Quando somos capazes de responder a essas perguntas com sinceridade, conseguimos "diagnosticar" se estamos andando em uma nova mentalidade: de pessoas livres para sonharem com o Pai; ou se ainda pensamos como escravos, que não creem naquilo que o Senhor nos prometeu.

Muitas vezes, nós nos encontramos no lugar daqueles dez espias, só conseguindo apontar para as dificuldades e trazer desencorajamento e desesperança para o ambiente no qual estamos. Mas se você é essa pessoa, não se desespere. Apenas peça ao Senhor para que o ajude a sonhar com Ele. Em seguida, reajuste o seu foco para enfatizar sempre o que Deus já está fazendo, e não os problemas que aparecerão pela frente.

Por outro lado, existem situações em que nos vemos como aqueles dois corajosos, que, apesar de crerem nos sonhos do Senhor, acharam-se cercados de pessoas com uma mente escrava, presa ao passado. Nesse caso, o mais importante é que protejamos a nossa confiança, não permitindo que a falta de fé daqueles que estão à nossa volta contamine nossa mente.

Em síntese, todos nós temos as nossas "Terras Prometidas". Sonhos que o Senhor preparou para nós. No entanto, assim como o povo de Israel precisou enfrentar inimigos para tomar posse

> **Existem sonhos preparados para nós que estão apenas esperando pela mentalidade certa para serem liberados em nossas vidas.**

daquele território, nós também teremos de superar alguns obstáculos para conquistarmos o que Deus nos prometeu.

É evidente que hoje os nossos adversários não são povos e tribos, como naquela época, mas a batalha continua. Agora, talvez mais do que nunca, nossos maiores inimigos sejam alguns padrões de pensamento. Precisamos derrotar a mentalidade da escravidão do passado, que tanto afronta o nosso presente e busca roubar o nosso futuro. Temos de guerrear contra o espírito de orfandade, que nos impede de assumir nossa identidade de filhos de Deus, e acessar nossa herança n'Ele.

> É hora de ganharmos a luta pela nossa mente e começarmos a pensar de forma celestial, para que possamos de vez desfrutar dos sonhos de Deus para nós.

Isso, porque existem sonhos preparados para nós que estão apenas esperando pela mentalidade certa para serem liberados em nossas vidas. Da mesma forma que uma semente precisa das condições corretas para germinar e gerar frutos, aquilo que o Senhor tem para mim e para você requer uma nova maneira de pensar e enxergar as coisas. E não estamos sozinhos nesse processo, pois podemos contar com o Espírito Santo, que vive dentro de nós, para nos auxiliar em cada passo.

Ele nos ajuda a identificar nossas fraquezas, nos levanta quando estamos caídos, e sempre nos aponta a direção dos sonhos de Deus.

A respeito disso, o que a Bíblia afirma é que o padrão celestial de pensamento já foi liberado sobre nós. Só necessitamos entender isso e acessar o que já nos foi dado. Veja:

> Porque, quem conheceu a mente do Senhor, para que possa instruí-lo? **Mas nós temos a mente de Cristo**. (1 Coríntios 2.16 – grifo do autor)

A Palavra de Deus nos revela que temos a mente de Cristo. Isso quer dizer que ela está disponível para nós hoje, agora. Basta nos apropriarmos disso e vivermos uma nova realidade. Chega de nos submeter aos padrões de pensamento do passado. É hora de ganharmos a luta pela nossa mente e começarmos a pensar de forma celestial, para que possamos de vez desfrutar dos sonhos de Deus para nós. Afinal:

> Mas em todas estas coisas somos mais do que vencedores, por aquele que nos amou. (Romanos 8.37)

Capítulo 4

MENTALIDADE DE NECESSIDADE

Nos dias de hoje, a maioria de nós vive bastante atarefada, sempre temos muitas coisas para fazer. Seja pagando os boletos que chegaram ontem, ou entregando aquele relatório no trabalho, todos temos uma rotina cheia de deveres que precisamos cumprir para que a nossa vida avance.

Porém, por que é que fazemos todas estas coisas? Quais são os objetivos por trás das atividades com as quais ocupamos as nossas vidas? Ao longo deste capítulo, eu quero convidá-lo a fazer essas perguntas a si mesmo. Sobre esse assunto, é necessário refletir com sinceridade e sobriedade, pois é muito importante que entendamos qual é o combustível que tem movido a nossa existência na Terra.

Digo isso, porque, muitas vezes, sem nem percebermos, começamos a viver para alcançarmos o mínimo necessário que satisfaça as nossas necessidades fundamentais, e não para conquistarmos novos objetivos. Ou seja, passamos dia após dia somente buscando sobreviver. Isso é o que chamamos de "mentalidade de necessidade".

A verdade é que muitas pessoas são movidas por esse tipo de causa, contentando-se apenas em alcançar as coisas básicas da vida. Porém, elas não percebem que, ao adotarem essa forma de pensar, acabam acessando apenas uma parte muito pequena de todas as possibilidades que a vida oferece, abrindo mão de seu verdadeiro potencial. Assim, estão ignorando sua capacidade de sonhar e de viver coisas extraordinárias com o Senhor.

> **Estamos tão imersos no hoje que não almejamos coisas novas para o amanhã.**

Todo esse processo é uma consequência do nosso hábito de buscar em primeiro lugar aquilo que vai nos satisfazer instantaneamente, em vez de pensar na felicidade a longo prazo. Dedicamos tanto tempo a essa rotina diária, tentando apenas suprir nossas necessidades presentes, que acabamos nos esquecendo de olhar para o futuro. Estamos tão imersos no hoje que não almejamos coisas novas para o amanhã, por isso não conseguimos ver que é lá que os planos de Deus estão nos esperando.

Além disso, a busca por apenas cumprir as demandas primárias e imediatas da vida nos mantém presos em um ciclo. Acabamos desenvolvendo somente as habilidades que utilizamos nas nossas atividades cotidianas, e não buscamos aprender coisas novas e fora do que estamos acostumados. Isso nos priva de desenvolvermos outros talentos, mantendo-nos prisioneiros das limitações que as nossas próprias necessidades criaram.

Para mostrar esse processo mais claramente, eu vou utilizar algo chamado de "A Pirâmide de Maslow", também conhecida como "A Teoria das Necessidades Humanas". Criada por Abraham Maslow como uma ferramenta de psicologia, essa teoria tem se provado uma maneira eficaz de entendermos como a mente humana assimila suas prioridades e determina seus limites. Sendo assim, já foi aplicada em diversos setores da sociedade, como no *marketing* e nos recursos humanos.[1]

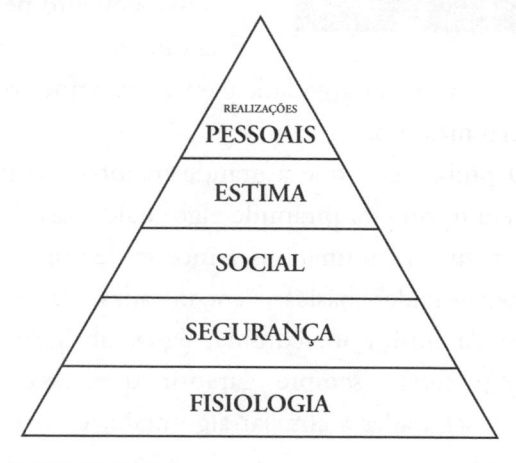

---

[1] Informações retiradas da matéria **Pirâmide de Maslow: O que é, conceito e definição**, publicada pelo site SBCoaching, em 24 de junho de 2018. Disponível em: *https://www.sbcoaching.com.br/blog/piramide-de-maslow/*. Acesso em janeiro de 2020.

Conforme podemos ver, na base da pirâmide, estão as nossas necessidades mais primárias, relacionadas à fisiologia do nosso corpo. Elas são seguidas pela nossa busca por segurança, construções sociais, autoestima e, por fim, realizações pessoais. No topo é onde se encontram os nossos sonhos, juntamente com nossa criatividade e desenvolvimento pessoal.

> **Os sonhos só podem ser realizados se estivermos dispostos a viver extraordinariamente.**

Isso significa que os nossos objetivos de vida, automaticamente, deveriam estar situados na parte mais alta da pirâmide, onde ficam as nossas realizações e desenvolvimento pessoais. É lá que podemos utilizar nossos talentos e criatividade para alcançarmos o nosso potencial máximo.

O problema é que a grande maioria das pessoas considera o topo da pirâmide algo inalcançável. Dessa maneira, vivem em uma busca incessante por suprirem suas necessidades básicas, encontradas na primeira camada da ilustração: comida, água, abrigo e sono. Assim, preferem sempre garantir que essas coisas estarão asseguradas a almejar algo maior e arriscar um pouco mais.

No entanto, precisamos entender que os sonhos de Deus não são coisas básicas, alcançadas simplesmente no decorrer de uma rotina. Eles só podem ser realizados se estivermos dispostos a viver extraordinariamente, indo além do cotidiano e almejando chegar onde nunca fomos antes: o topo da pirâmide. Foi nesse lugar que o Senhor colocou a plenitude do que existe dentro de nós e a chave para vivermos Seus sonhos aqui na Terra. Na verdade, o topo da pirâmide simboliza o centro da vontade do Pai, onde estão todas as coisas extraordinárias que Ele reservou para nós, seus filhos. É o lugar onde a perfeita vontade do Senhor, que é muito melhor que a nossa, pode se desenvolver em nossas vidas.

Muitas vezes, podemos acreditar que esse cume da pirâmide simboliza o lugar em que a minha vontade perfeita e os meus sonhos terrenos estão expressos. Mas como temos aprendido ao longo deste livro, quando sonhamos os sonhos de Deus, descobrimos que ainda que Ele mude tudo em nossas vidas, nós podemos confiar e ter a certeza de que Ele tem coisas maiores para nós. O topo não simboliza a nossa vontade, e sim a do Pai, pois Sua vontade sempre estará acima da nossa.

Dessa forma, o Senhor não nos chamou apenas para garantirmos o mínimo possível e vivermos com medo do que pode nos faltar, mas sim para que tivéssemos a plenitude da vida daquele que é poderoso

> **É quando vivemos o máximo do que Ele planejou para nós que mais fazemos valer o sacrifício de Cristo.**

para fazer infinitamente mais do que imaginamos (Efésios 3.19-20), desfrutando de toda a extensão da bondade e do Seu amor, demonstrados por nós na cruz do Calvário. Por isso, é quando vivemos o máximo do que Ele planejou para nós que mais fazemos valer o sacrifício de Cristo.

Além do mais, é só quando nos lançamos nessa procura por viver em plenitude que descobrimos que existe muito mais na vida do que simplesmente comprar comida e pagar boletos. Paramos de apenas sobreviver um dia de cada vez, e passamos a multiplicar os talentos que Ele nos deu, glorificando Seu nome, enquanto realizamos Seus sonhos para nós.

E é isso que a Bíblia nos mostra na seguinte passagem:

> Porque isto é também como um homem que, partindo para fora da terra, chamou os seus servos, e entregou-lhes os seus bens. E a um deu cinco talentos, e a outro dois, e a outro um, a cada um segundo a sua capacidade, e ausentou-se logo para longe. E, tendo ele partido, o que recebera cinco talentos negociou com eles, e granjeou outros cinco talentos. Da mesma sorte, o que recebera dois, granjeou também outros dois. Mas o que recebera um, foi e cavou na terra e escondeu o dinheiro do seu senhor. E muito tempo depois veio o senhor daqueles servos, e fez contas com eles. Então aproximou-se o que recebera cinco talentos, e trouxe-lhe outros cinco talentos, dizendo: Senhor, entregaste-me cinco talentos; eis aqui outros cinco talentos que granjeei com eles. E o seu senhor lhe disse: Bem está, servo bom e fiel. Sobre

o pouco foste fiel, sobre muito te colocarei; entra no gozo do teu senhor. E, chegando também o que tinha recebido dois talentos, disse: Senhor, entregaste-me dois talentos; eis que com eles granjeei outros dois talentos. Disse-lhe o seu senhor: Bem está, bom e fiel servo. Sobre o pouco foste fiel, sobre muito te colocarei; entra no gozo do teu senhor. Mas, chegando também o que recebera um talento, disse: Senhor, eu conhecia-te, que és um homem duro, que ceifas onde não semeaste e ajuntas onde não espalhaste; E, atemorizado, escondi na terra o teu talento; aqui tens o que é teu. Respondendo, porém, o seu senhor, disse-lhe: Mau e negligente servo; sabias que ceifo onde não semeei e ajunto onde não espalhei? Devias então ter dado o meu dinheiro aos banqueiros e, quando eu viesse, receberia o meu com os juros. Tirai-lhe pois o talento, e dai-o ao que tem os dez talentos. Porque a qualquer que tiver será dado, e terá em abundância; mas ao que não tiver até o que tem ser-lhe-á tirado. (Mateus 25.14-29)

Essa parábola contém vários aspectos importantes para entendermos o que Deus espera que façamos com aquilo que Ele nos deu. Porém, o ponto principal é que, assim como o senhor daquela terra entregou talentos a todos os seus três servos, Deus também concedeu talentos a todos nós, e o nosso papel nunca será apenas garantir o básico com o que temos, e sim multiplicar o que recebemos. Pense bem: se no Céu não há falta de nada, e o Senhor sempre nos dá mais do que pedimos ou pensamos, por que é que vivemos nossas vidas baseados no mínimo que precisamos para sobreviver? Não seria melhor buscar a mentalidade de multiplicação, expressa pela natureza do nosso Pai, que está nos Céus?

> **Deus também concedeu talentos a todos nós.**

De fato, não existe nada na mentalidade de necessidade que esteja alinhado com a Bíblia e com o plano de Deus. Outro exemplo disso, além da Parábola dos Talentos, está em João 10.10. Esse versículo diz que Jesus veio para nos dar vida, e vida em abundância. Por outro lado, a necessidade pode até nos manter vivos, mas ela não nos deixa viver. Não de verdade, não a vida que Jesus morreu para que tivéssemos. Ela nos leva a uma subsistência que nos mantém estagnados. E é por isso que o Pai sugere que tenhamos outra motivação para nos guiar: o propósito.

Mas, afinal, o que é um propósito? É o oposto da necessidade, cujo objetivo é nos satisfazer de maneira momentânea e, muitas vezes, superficial. O propósito, por sua vez, é uma missão desenhada por Deus especialmente para cada um de nós, que nos coloca dentro dos Seus planos para a manifestação do Seu Reino na Terra. Consegue perceber? Enquanto a primeira mentalidade é totalmente voltada para questões muito pequenas da nossa própria existência, a segunda nos coloca como participantes de um projeto bem maior, o sonho de Deus para toda a Terra. Assim, Ele nos dá a grande honra de fazer parte daquilo que o Senhor está fazendo no mundo, e nos mostra não apenas como somos importantes para Ele, mas, principalmente, que não fomos criados apenas para "tentar não morrer". Fomos projetados para ir além de nós mesmos, realizando os sonhos do Pai.

Assim, quando entendemos que não existimos apenas para sobreviver, e sim para cumprirmos os sonhos e propósitos de Deus para nós, deixamos de nos contentar apenas com a base da pirâmide. Em vez disso, buscamos fazer tudo o que podemos para multiplicar o que o Senhor nos deu, de forma que cumpramos plenamente o Seu chamado para nós.

Diante disso, é impossível não chegarmos à conclusão de que todos temos um propósito desenhado por Deus para nossas vidas. Cada pessoa, seja como for, foi planejada pelo Senhor e colocada neste mundo por um motivo. Logo, descobrir esse motivo e cumpri-lo para a glória de Deus deveria ser nossa maior motivação na vida. Porém, isso nunca acontecerá se não abrirmos mão da mediocridade e do pensamento que nos leva a nos mover por necessidade.

> **Fomos projetados para ir além de nós mesmos, realizando os sonhos do Pai.**

Na verdade, se a nossa mentalidade não estiver alinhada com a mente do Pai, não conseguiremos alcançar o destino que o Senhor colocou diante de nós. É como se estivéssemos tentando abrir o baú dos sonhos de Deus com a chave da mediocridade. Eles não são compatíveis. Assim, enquanto não pedirmos a Ele que nos revele a chave do propósito, os Seus planos não se cumprirão em nós.

Entretanto, algo que pode nos impedir de viver essa plenitude projetada por Deus para nós é não acreditar que temos, de fato, um propósito. Enquanto não nos vermos como Seus filhos, para os quais Deus sonhou coisas extraordinárias, e sim como escravos do acaso, fadados a apenas "existir" até a morte, não conseguiremos desenvolver a mentalidade de abundância, alinhada com o Reino dos Céus. Em consequência, não estaremos aptos a realizar Seus planos para nós. Isso, porque a maior aliada do pensamento de necessidade é a falta da revelação da paternidade de Deus, pois ela tira o nosso senso de propósito e nos mantém presos em uma vida aquém de seu verdadeiro potencial.

E o pior é que, muitas vezes, nós até adotamos o discurso de que Deus é o nosso Pai, e de que Ele tem grandes planos para nós, mas essa verdade não entrou em nosso coração, logo, não produz frutos em nossas vidas. Então, nossa mentalidade não sofre uma transformação consistente, já que existe uma diferença muito grande

> **Enquanto não pedirmos a Ele que nos revele a chave do propósito, os Seus planos não se cumprirão em nós.**

entre recebermos uma informação sobre a paternidade de Deus e termos a revelação de que somos de fato Seus filhos.

Portanto, se entendemos que Ele é um bom Pai, que sonha com um destino maravilhoso para os Seus filhos, não nos contentamos em viver com o mínimo necessário. Pelo contrário, somos impulsionados a desejar mais do que isso, e consequentemente, a buscar chegar ao topo da pirâmide.

Tendo em vista esse processo, algo que pode nos ajudar a entender a diferença entre a mentalidade de necessidade e a de propósito de forma bem prática é o exemplo de uma semente quando é plantada no solo. A planta que vai nascer dessa semente tem algumas necessidades mínimas para sobreviver. Enterrada em ambiente escuro, ela precisa de nutrientes, água e sais minerais. Mas, algo que também é fundamental para o desenvolvimento dessa semente é a luz solar, à qual ela ainda não tem acesso. Sem isso, a planta não consegue crescer de forma saudável, pois ela depende da luz para realizar o processo de fotossíntese, que é responsável pela troca de gases no ambiente, gerando oxigênio para o ecossistema em troca de gás carbônico.

Então, em busca de satisfazer sua necessidade por luz, a planta começa a crescer verticalmente, em direção ao sol, para, finalmente, encontrar aqueles raios tão preciosos de luz solar. E é aqui que precisamos entender algo incrível. Pense comigo: quando a planta enfim encontra a luz, ela para de crescer? Por acaso, ela considera que, após satisfazer a última de suas necessidades básicas, pode permanecer daquela forma e simplesmente sobreviver até o fim dos seus dias? Claro que não! A planta não se limita à sua necessidade, mas cresce rumo a um destino.

O fato é que toda semente carrega em si um propósito: ser uma árvore capaz de gerar muitos frutos, que irão resultar em várias outras sementes. É um potencial imensurável. E tudo isso só pode acontecer porque a planta está em busca do seu destino original, e tudo o que ela faz é em prol desse objetivo designado por Deus para sua existência. Além disso, por mais que existam inúmeros tipos de sementes, que por consequência se tornarão árvores diferentes, todas elas têm esse propósito. Pode ser uma macieira, uma bananeira ou até mesmo um pé de laranja todas elas buscam crescer e frutificar, e não apenas sobreviver.

> O chamado de Deus para nossas vidas sempre irá abençoar outras pessoas.

Você já notou que, muitas vezes nós acabamos fazendo o caminho contrário dessa semente? Ao invés de buscarmos pelo nosso destino de frutificar e abençoar a Terra, nós nos conformamos em suprir o que precisamos para permanecer vivos. Assim, não apenas deixamos de cumprir nossa missão aqui, mas consequentemente fazemos com que várias pessoas que poderiam se beneficiar dos nossos frutos deixem de ser abençoadas. Por mais triste que isso possa soar, é a realidade de muitos nos dias de hoje, como aqueles que já abriram mão de viver a plenitude dos planos de Deus e estão apenas ganhando tempo até a morte. Que desperdício de vida.

Eu acredito que a esse ponto da leitura você já tenha começado a pensar sobre seus sonhos. Porém, eu gostaria que você olhasse para eles de acordo com esta verdade: todo propósito que nos foi entregue por Deus não tem fim em nós mesmos. O chamado de Deus para nossas vidas sempre irá abençoar outras pessoas.

Se os sonhos que vêm à sua mente enquanto você está lendo este livro abençoam somente a você mesmo, tente mais uma vez e busque novas metas, mas, dessa vez, com um entendimento mais completo. Os sonhos de Deus não devem ser apenas para o nosso próprio benefício, e sim para manifestar o Reino de Deus na Terra, abençoando outras pessoas e glorificando o nome do Senhor.

Para exemplificar isso de forma simples, Deus não nos fornece água para apenas matarmos nossa sede, mas sim para que a levemos até outras pessoas e, então, apontemos para a verdadeira fonte de Água Viva. Os sonhos que terminam apenas em nós são pequenos demais, esse deve ser o nosso parâmetro. Cada um de nós tem plena capacidade de ir mais alto do que isso.

É claro que existem algumas coisas que podem nos ajudar a alcançar níveis mais altos em nossos sonhos, de forma que eles estejam realmente alinhados com o chamado do Pai para nós. Dentro disso, algo que eu considero muito importante quando o assunto em questão é propósito é o fato de que devemos começar a analisar nossa vida, em união com o Espírito Santo, para descobrirmos qual é a vontade do Senhor para nós, individualmente.

Comece a se fazer algumas perguntas-chave, como: "Por que eu nasci em um tempo como este? Por que eu tenho a família que eu tenho? Por que eu recebi esses talentos, e não aqueles que os outros têm? Por que eu nasci neste país?" Precisamos entender que Deus não faz nada, absolutamente nada, por acaso. Há um motivo para toda e qualquer situação, e ao fazermos essas perguntas, podemos, também, começar a entender qual a razão de nossa existência.

> Ele não nos vê pelo que fazemos, e sim por quem nós somos.

Também precisamos ressaltar a importância de compreendermos que existe uma diferença enorme entre quem nós somos e o que nós fazemos. Embora seja cada vez mais comum as pessoas se definirem pela atividade que exercem, nosso destino não se limita à função que desempenhamos. Na verdade, a única pessoa capaz de dizer quem realmente somos é Aquele que nos criou. E, acredite, certamente o que Ele diz é muito mais importante do que o que sua função diz sobre você. Ele não nos vê pelo que fazemos, e sim por quem nós somos.

Isso nos leva a um ponto muito importante para desenvolvermos a mentalidade de propósito: comece pelo seu porquê. Eu me lembro que aprendi muito sobre isso no livro *Comece pelo porquê*[2], do autor Simon Sinek, e recomendo a leitura para todos os que querem entender mais sobre o que nos motiva a exercer nossa função.

Na maioria das vezes, começamos a sonhar a partir do "o que", usando a nossa criatividade para ter ideias incríveis, porém nem sabemos o "porquê" por trás daquilo com que estamos sonhando.

Quando começamos pelo primeiro, "o que", conquistamos coisas facilmente, algumas delas nem estão relacionadas com o nosso destino. Mas, quando nós começamos a partir do nosso "porquê", todos os nossos sonhos caminham em uma direção. Já não são mais objetivos aleatórios, e sim alvos que buscam cumprir um chamado específico.

Algo muito interessante sobre isso é o fato de que todos nós temos uma motivação em comum, dada a nós através da Palavra de Deus:

> A natureza criada aguarda, com grande expectativa, que os filhos de Deus sejam revelados [...] Sabemos que toda a natureza criada geme até agora, como em dores de parto.
> (Romanos 8.19-22 – NVI)

---

[2] SINEK, Simon. **Comece pelo porquê**: como grandes líderes inspiram pessoas e equipes a agir. 1. ed. Rio de Janeiro: Sextante, 2018.

A Bíblia mostra que a criação geme, ansiando pela manifestação dos filhos de Deus, ou seja, que eu e você nos posicionemos. Sendo assim, caso tenha um pouco de dificuldade em encontrar o "porquê" por trás dos seus sonhos, lembre-se que o Senhor confiou a todos nós a responsabilidade de responder ao anseio da criação, logo, muitos desses sonhos, que talvez você não tenha tanta compreensão, não são para seu benefício próprio, e sim para que muitos outros desfrutem de seus efeitos.

Porém, todos encontramos maneiras mais específicas de executar esse porquê, e é aí que entram as nossas individualidades. Nós podemos glorificar ao Senhor e responder ao clamor da criação de formas diferentes e em áreas diferentes. Imagine só se todos nós resolvêssemos fazer exatamente a mesma coisa, da mesma maneira? Não daria muito certo, pois existe um motivo pelo qual Deus nos fez diferentes, e é para que pudéssemos expandir seu Reino de diversas formas.

Agora, para exemplificar, falarei um pouco sobre a minha motivação, e quais são os sonhos que eu tenho buscado baseados nessa realidade. Eu acredito que existo para despertar pessoas para os sonhos de Deus em suas vidas. Meu coração queima por ver pessoas descobrindo que elas são capazes de ir além de onde elas já alcançaram, encontrando um propósito para suas vidas, aprendendo a sonhar e descobrindo a bondade do Pai nesse processo.

Porém, existem várias maneiras que eu busco para cumprir esse objetivo. Eu atuo ministerialmente como

> **O Senhor confiou a todos nós a responsabilidade de responder ao anseio da criação.**

pastor, sendo um mediador para que pessoas tenham encontros com Deus e que achem direção para suas vidas. Sou um empresário, assim ajudo pessoas para que tenham condições de perseguirem seus sonhos, com um trabalho honesto que as mantenham no caminho certo e provejam um começo para os sonhos de várias pessoas. Tenho também um projeto no sertão do Ceará, chamado "Expandindo o Reino", que busca levar capacitação para pessoas que não tiveram as mesmas oportunidades que, por exemplo, eu tive. Por fim, estou escrevendo este livro, e dessa forma eu espero conseguir impulsionar você a sonhar como nunca, também a descobrir os planos do Senhor para você.

A verdade é que, em tudo o que eu faço, sempre estou com a minha motivação em mente. Se eu vou pregar em uma igreja, tento levar as pessoas a descobrirem que elas podem voar mais alto, e se eu estou em uma conversa particular, busco a mesma coisa, porque eu não sou movido pelo meu "o que", e sim pelo meu "porquê".

Nessa busca, eu já influenciei mais pessoas do que um dia eu poderia imaginar, desde as mais influentes, que hoje estão brilhando a luz de Cristo nos quatro cantos do globo, até as que nem sequer conhecem a Cristo. Seja onde ou com quem for, eu sou movido por propósito, e não me contento em levar a vida apenas suprindo as minhas necessidades.

Agora que você já sabe bastante sobre ser movido por propósito, e não por suas necessidades básicas, eu quero convidá-lo a fazer uma oração ao Senhor, pedindo para que Ele o ajude a reconhecer o que tem movido a sua vida até o dia de hoje, e alinhar o seu coração com o d'Ele. Peça ajuda ao Espírito Santo para descobrir qual é o "porquê" sobre o qual você deve construir os seus sonhos, de forma que abençoe muitas pessoas e glorifique ao nome do nosso Pai que está nos Céus.

> **Ore todos os dias para que o Senhor lhe dê cada vez mais estratégias e favor para cumprir esse propósito que Ele lhe deu.**

Após fazer essa oração, escreva o seu "porquê" no final deste livro, você deve levá-lo em consideração à medida que aprender a sonhar cada vez mais alto. Entenda a importância disso, e ore todos os dias para que o Senhor lhe dê cada vez mais estratégias e favor para cumprir esse propósito que Ele lhe deu.

Dessa forma, você não estará apenas aprendendo a sonhar, e sim a fazer isso da forma correta, sendo movido por um desígnio divino, e não por necessidades medíocres. Afinal, elas não mudam o mundo, mas propósitos sim.

Capítulo 5

MENTALIDADE DE MEDO

Quem nunca sentiu medo quando era criança? Seja medo de altura, do escuro ou até de palhaços. Não importa qual fosse o medo, eu tenho certeza que todos nós sofremos com isso quando éramos mais novos, assim como também sei que não é preciso muito tempo para conseguirmos nos lembrar qual era o nosso maior tormento. É completamente normal para todos nós termos vivido experiências, como acordar assustados no

> O medo não é algo que fica restrito apenas às nossas memórias de infância. À medida que crescemos, ele continua batendo à nossa porta, assumindo novas formas e nos afetando de maneiras extremamente profundas.

> Podemos ter abandonado o nosso medo de altura, mas somos amedrontados pela ideia de sonhar alto, temendo o fracasso e a queda que podem vir se saltarmos rumo ao desconhecido.

meio da noite por causa de um pesadelo, e também termos sido confortados por nossos pais logo em seguida.

Porém, a verdade é que, infelizmente, o medo não é algo que fica restrito apenas às nossas memórias de infância. À medida que crescemos, ele continua batendo à nossa porta, assumindo novas formas e nos afetando de maneiras extremamente profundas.

Hoje em dia, certamente, as pessoas não acordam durante a noite com medo do "bicho papão", mas perdem o sono ao pensar nas contas que precisam pagar, com medo de que algo lhes falte. Podemos ter abandonado o nosso medo de altura, mas somos amedrontados pela ideia de sonhar alto, temendo o fracasso e a queda que podem vir se saltarmos rumo ao desconhecido. Anos podem passar, mas o medo está sempre

> Uma das maneiras que o inimigo encontra de nos manter prisioneiros do medo, ou de qualquer coisa, é nos fazendo pensar que somos os únicos que estão passando por isso.

tentando nos paralisar, impedindo-nos de sonhar e de ir além da nossa realidade.

Dentro disso, existe algo que precisamos entender antes de avançarmos: todo mundo tem medo. Desde a pessoa mais forte e assustadora do mundo até a mais inofensiva, todos têm coisas que os preocupam profundamente.

Mas por que estabelecemos que isso é importante? Porque uma das maneiras que o inimigo encontra de nos manter prisioneiros do medo, ou de qualquer coisa, é nos fazendo pensar que somos os únicos que estão passando por isso. Ao criar a ideia de que estamos sozinhos em nossa luta, somos tomados por um sentimento de vergonha que nos impede de encontrar ajuda e esperança em meio às nossas dificuldades.

No entanto, fato é que nenhum de nós está sozinho na luta contra aquilo que tira o nosso sono, e quanto mais cedo percebermos isso, mais rápido podemos nos libertar da ideia de que estamos isolados em nossa fraqueza e, então, prosseguir para uma vida livre do medo.

> O medo funciona como um limitador, coagindo-nos a nunca tomarmos decisões que nos levem para fora da nossa zona de conforto, criando cenários e suposições em nossa mente que nos paralisam e nos impedem de arriscar.

Sendo assim, por que essa luta contra a mentalidade de medo é algo tão importante? Isso é simples. Porque esse sentimento é um dos maiores inimigos dos sonhos de Deus para nós. O medo funciona como um limitador, coagindo-nos a nunca tomarmos decisões que nos levem para fora da nossa zona de conforto, criando cenários e suposições em nossa mente que nos paralisam e nos impedem de arriscar.

> Não conseguiremos ir além da nossa realidade se não enfrentarmos aquilo que nos deixa inseguros, ansiosos ou até mesmo apavorados.

O grande conflito é que os sonhos que Deus estabeleceu para nós se encontram do lado oposto aos nossos medos, requerendo de nós atitudes corajosas que nos levarão a cenários que nem sempre serão tão seguros. Não conseguiremos ir além da nossa realidade se não enfrentarmos aquilo que nos deixa inseguros, ansiosos ou até mesmo apavorados.

Para entendermos melhor a ação do medo, eu quero convidá-lo a um exercício de reflexão. Imagine que exista um muro ao seu redor criando um perímetro pelo qual você pode transitar. Nas paredes desse limite está escrito que ele foi construído para a sua proteção, e que se você tentar ir além da área delimitada, estará desprotegido e vulnerável a perigos desconhecidos. Você pode passar sua vida inteira dentro desse perímetro, imaginando os horrores que devem se encontrar fora dali, mas, ao mesmo tempo, encontrar-se cada vez mais frustrado com aquela vida limitada e maçante. Até que um dia, cansado de sempre vivenciar a mesma coisa, você reúne toda a sua coragem e constrói uma escada para subir e ver o que existe do outro lado do muro. Apoia a escada contra a parede e sobe, um degrau de cada vez, sem saber o que você vai encontrar. Será que as ameaças são reais? Ou será que existe algo mais? E ao chegar até o topo, você percebe que, na verdade, o que o aguardava fora dos muros não eram perigos ou monstros, e sim uma infinidade de possibilidades incríveis que mudariam a sua vida para sempre. Você percebe então que o muro não era uma área segura, e sim uma prisão que o impossibilitava de experimentar uma vida sem limitações.

> **Assim são os nossos medos – muros construídos ao nosso redor, que nos passam a ideia de proteção, quando, na verdade, eles nos aprisionam e nos impedem de sonhar coisas extraordinárias.**

Assim são os nossos medos – muros construídos ao nosso redor, que nos passam a ideia de proteção, quando, na verdade, eles nos aprisionam e nos impedem de sonhar coisas extraordinárias. Podemos passar a vida inteira sem alcançá-las, simplesmente porque não

> Ele é a fé de que as coisas vão dar errado, afastando-nos dos propósitos e caminhos de Deus. E quando começamos a sonhar, ele sempre levanta hipóteses e suposições para nos desencorajar e paralisar.

enfrentamos nossos próprios temores.

Na realidade, sempre que pensarmos em fazer algo que vai além do que já fizemos ou fomos, nosso medo sempre dirá que é uma má ideia. Sim, o medo fala conosco, e ele nunca traz boas notícias. Ele é a fé de que as coisas vão dar errado, afastando-nos dos propósitos e caminhos de Deus. E quando começamos a sonhar, ele sempre levanta hipóteses e suposições para nos desencorajar e paralisar.

Vou dar um exemplo: se eu começo a sonhar em abrir o meu próprio negócio, o medo rapidamente me dirá: "Você ficou louco? Vai arriscar todas as suas economias em uma empreitada que pode fracassar? Não vê todos os pequenos negócios que falham diariamente?". Ele nunca irá chamar sua atenção para os negócios que deram certo e prosperaram, mas sempre trará uma perspectiva ruim sobre cada situação.

> À medida que o tempo passa, nós nos familiarizamos com esse sentimento, e encontramos conforto na covardia.

O problema é que, à medida que o tempo passa, nós nos familiarizamos com esse sentimento, e encontramos conforto na covardia, pois nela não existem grandes riscos. Porém, esse conforto cobra um preço alto, custa a nossa relevância. Então, não se engane: não são os medrosos que influenciam a história, e sim os ousados, os que desafiam seus próprios medos. Quanto mais temerosas nossas ações, mais irrelevante a nossa vida.

> **Não são os medrosos que influenciam a história, e sim os ousados, os que desafiam seus próprios medos.**

Além disso, quando nos acostumamos a tomar decisões que não requerem nenhum risco, passamos a chamar a nossa covardia de "prudência", para ficarmos em paz com nossa consciência. Muitas vezes, o que consideramos ser prudente é, na verdade, uma atitude medrosa, influenciada pelo nosso pavor de arriscar viver algo novo. Isso nos afasta de vivermos os sonhos de Deus, pois eles são loucura para a racionalidade humana.

> **Quando nos acostumamos a tomar decisões que não requerem nenhum risco, passamos a chamar a nossa covardia de "prudência", para ficarmos em paz com nossa consciência.**

Pense bem: se analisarmos algumas histórias bíblicas de pessoas que viveram coisas incríveis com o Senhor, em sua maioria, as atitudes tomadas parecem ser imprudentes ou até mesmo insanas. Noé provavelmente foi taxado de louco por obedecer a Deus, construindo uma Arca em plena terra seca e anunciando um dilúvio em uma época em que nunca havia chovido antes. Loucura! Ou será que não? Se ele tivesse escutado ao medo do que os outros pensariam dele, ou ao receio de que o Pai não cumprisse com Sua palavra e enviasse a chuva, talvez nós nunca soubéssemos quem foi Noé. Mas, ao enfrentar seus medos, ele colocou seu nome na História.

Da mesma forma aconteceu com

> **Aconteceu com Sadraque, Mesaque e Abedenego.**

> **Ao obedecerem a Deus, e não a seus temores, eles tiveram uma das experiências mais incríveis relatadas na Bíblia, na qual foram lançados na fornalha, mas não foram queimados. E não apenas isso, vivenciaram a presença do Quarto Homem com eles. Por não se dobrarem ao medo, eles fizeram história com Deus.**

Sadraque, Mesaque e Abedenego. Ao ouvirem o decreto do rei Nabucodonosor, dizendo que todo aquele que não se dobrasse diante da estátua do rei seria lançado na fornalha, eles poderiam ter escutado o medo da morte e feito como ordenado. Sendo assim, eles seriam apenas mais três jovens em meio à multidão, e o mundo talvez não os conhecesse. Porém, ao obedecerem a Deus, e não a seus temores, eles tiveram uma das experiências mais incríveis relatadas na Bíblia, na qual foram lançados na fornalha, mas não foram queimados. E não apenas isso, vivenciaram a presença do Quarto Homem com eles. Por não se dobrarem ao medo, eles fizeram história com Deus.

> **A pergunta é a seguinte: quem você seria se não tivesse medo?**

Tendo em vista quem esses e muitos homens de Deus se tornaram ao sobrepujarem seus medos, eu gostaria de fazer a você uma pergunta. Na verdade, eu preciso dar o crédito desta pergunta para minha esposa, Fabíola, pois ela me ensinou isso enquanto ajudava tantas pessoas a lidarem com seus medos e temores. A pergunta é a seguinte: quem você seria se não tivesse medo? Pode até parecer meio clichê, mas tire alguns minutos e comece a pensar sobre isso. O que você faria de forma diferente? Como você sonharia se não temesse absolutamente nada?

Conseguiu pensar um pouco? Pois agora eu tenho algo para lhe dizer: essa é a pessoa que Deus o criou para ser! Você não foi criado para temer, e sim para ousar. Para ir além, sonhando com os planos mais destemidos que Ele tem para sua vida.

> Porque Deus não nos deu o espírito de temor, mas de fortaleza, e de amor, e de moderação. (2 Timóteo 1.7)

> **Você não foi criado para temer, e sim para ousar. Para ir além, sonhando com os planos mais destemidos que Ele tem para sua vida.**

Sendo assim, precisamos entender que lutar contra os nossos medos é lutar por quem nós somos. É batalhar para alcançarmos os planos e projetos que o Senhor tem para nós, recusando o espírito de temor, abrindo mão da mediocridade e partindo em direção ao propósito que Ele tem para nós.

Porém, antes de avançarmos nos métodos para vencer essa guerra, precisamos entender uma coisa sobre o nosso inimigo: ele nunca desiste. O medo sempre irá se apresentar como uma opção em nossa jornada terrena, seja em etapas diferentes da nossa vida ou de maneira diferente. Ele sempre estará buscando uma abertura para nos escravizar de novo.

> **Precisamos entender que lutar contra os nossos medos é lutar por quem nós somos.**

> **Podemos até vencer uma batalha contra nossos temores, mas se acreditarmos que nosso problema acabou ali, nós nos tornaremos presas fáceis para que o medo ressurja em nossas mentes.**

Sendo assim, aprender a reconhecê-lo em meio aos nossos sentimentos e pensamentos é algo imprescindível para irmos cada vez mais alto. Por quê? Pois nós podemos até vencer uma batalha contra nossos temores, mas se acreditarmos que nosso problema acabou ali, nós nos tornaremos presas fáceis para que o medo ressurja em nossas mentes.

Como exemplo, o medo da falta pode se manifestar hoje através daquela faculdade que você quer fazer, mas nem mesmo tenta por não ter dinheiro suficiente. Porém, amanhã, ele pode vir de outra forma, através de uma conta inesperada que você acredita que não conseguirá pagar. São duas manifestações diferentes do mesmo medo.

Independentemente de qual seja o medo, a forma, a época ou o contexto em que ele se apresenta a nós, quando ele vem, nós só temos a opção de encará-lo de frente. Não adianta tentarmos fugir, pois essa própria atitude vem dele. Precisamos declarar guerra total e combatê-lo com fervor em nossas vidas.

Mas como fazemos isso? Como podemos guerrear contra o medo no nosso dia a dia? Agora nós vamos

> **Não adianta tentarmos fugir, pois essa própria atitude vem dele. Precisamos declarar guerra total e combatê-lo com fervor em nossas vidas.**

passar por alguns passos práticos que podem ajudar a fortalecer nossa mente para encararmos nossos temores de frente e sairmos vitoriosos. Porém, entre todos eles, o mais importante é, sem sombra dúvidas, esse: você precisa entender o poder do seu lugar secreto com Deus.

Para exemplificar melhor o que eu estou falando, vamos usar uma das histórias mais famosas da Bíblia, a de Davi e Golias. Israel estava travando uma guerra de muitos anos com os filisteus, e em uma dessas batalhas, o exército israelita, liderado pelo rei Saul, acampou de um lado do Vale de Elá, e o exército filisteu do outro lado. E todos os dias, durante 40 dias, de manhã e de tarde, um gigante filisteu chamado Golias saía das fileiras do exército da Filístia e desafiava as tropas de Israel.

> Ele tinha 2,90 metros de altura, usava um capacete de bronze e vestia uma couraça de escamas de bronze que pesava sessenta quilos. Também usava caneleiras de bronze e carregava no ombro um dardo de bronze. A haste de sua lança era pesada e grossa, como o eixo de um tear, e a ponta de ferro da lança pesava cerca de sete quilos. Seu escudeiro

caminhava à frente dele. Golias parou e gritou para as tropas israelitas: "Por que saíram todos para lutar? Eu sou filisteu, e vocês são servos de Saul. Escolham um homem para vir aqui e lutar comigo! Se ele me matar, seremos seus escravos. Mas, se eu o matar, vocês serão nossos escravos! Desafio hoje os exércitos de Israel. Mandem um homem para lutar comigo!". Quando Saul e os israelitas ouviram isso, ficaram aterrorizados e muito abalados. (1 Samuel 17.4-11 – NVT)

O povo de Israel estava apavorado perante as ameaças de Golias. E precisamos admitir que ele realmente era bastante assustador, capaz de colocar medo no coração dos guerreiros mais habilidosos. Se estivéssemos no lugar daqueles soldados, provavelmente também estaríamos aterrorizados só de pensar em lutar contra aquele gigante. Só que um dia, um jovem chamado Davi foi ordenado por seu pai a levar alimento para seus irmãos mais velhos, que estavam no exército israelita, e, ao chegar lá, ele se deparou com um dos desafios de Golias. Para surpresa de todos, sua reação diante daquela afronta foi diferente da de todos aqueles soldados que haviam sido treinados para guerrear. Enquanto eles estavam apavorados, Davi

> Davi nos mostra exatamente porque ele não teve medo de Golias: ele já havia enfrentado situações parecidas quando ninguém estava olhando.

não temeu o gigante. Pelo contrário, dispôs-se a lutar contra ele, perguntando:

> O que receberá o homem que matar esse filisteu e acabar com suas provocações contra Israel? Afinal de contas, quem é esse filisteu incircunciso para desafiar os exércitos do Deus vivo? (1 Samuel 17.26 – NVT)

Por que é que Davi reagiu de forma tão distinta? Por que ele não teve medo de Golias, o guerreiro que amedrontava uma nação inteira? A resposta vem em seguida, quando Davi se encontra com o rei:

> Alguém contou ao rei Saul o que Davi tinha dito, e o rei mandou chamá-lo. Davi disse a Saul: "Ninguém se preocupe por causa desse filisteu. Seu servo vai lutar contra ele". Saul respondeu: "Você não conseguirá lutar contra esse filisteu e vencer! É apenas um rapaz, e ele é guerreiro desde a juventude". Davi, porém, insistiu: "Tomo conta das ovelhas de meu pai e, quando um leão ou um urso aparece para levar um cordeiro do rebanho, vou atrás dele com meu cajado e tiro o cordeiro de sua boca. Se o animal me ataca, eu o seguro pela mandíbula e dou golpes nele com o cajado até ele morrer. Fiz isso com o leão e o urso, e farei o mesmo com esse filisteu incircunciso, pois ele desafiou os exércitos do Deus vivo!". E disse ainda: "O Senhor que me livrou das garras do leão e do urso também me livrará desse filisteu!". Por fim, Saul consentiu. "Está bem, então vá", disse. "E que o Senhor esteja com você!". (1 Samuel 17.31-37 – NVT)

A resposta de Davi nos mostra exatamente porque ele não teve medo de Golias: ele já havia enfrentado situações parecidas quando ninguém estava olhando. Davi já havia vencido um leão e um urso, animais ferozes que com certeza amedrontariam qualquer um de nós. Mas ele havia feito isso em um lugar muito específico: no secreto. Davi encarou esses adversários em um lugar onde ninguém além do Senhor sabia o que ele estava enfrentando, e os superou graças ao auxílio do Deus Vivo.

> Quando dedicamos tempo para conhecermos a Deus, e apresentamos a Ele nossos medos, somos capacitados e nos tornamos vitoriosos sobre nossos maiores inimigos.

Assim como Davi, nós também enfrentamos medos que ninguém vê, e isso pode nos gerar o sentimento de solidão e impotência diante do que nos desafia. Só há, porém, uma maneira de derrotarmos aqueles temores que nos afrontam longe da exposição, e é através de um relacionamento íntimo com o Senhor, e esse relacionamento só pode ser construído no secreto.

Quando dedicamos tempo para conhecermos a Deus, e apresentamos a Ele nossos medos, somos capacitados e nos tornamos vitoriosos sobre nossos maiores inimigos. Com a ajuda de Deus, Davi derrotou muitas feras e, por isso, ele sabia que poderia vencer aquele gigante. Afinal, não era o primeiro adversário assustador que ele enfrentava, e ele sabia que não o enfrentaria sozinho.

> Precisamos entender que somos capacitados para vencer os nossos medos quando entramos em um lugar de amizade profunda com o Senhor.

Precisamos entender que somos capacitados para vencer os nossos medos quando entramos em um lugar de amizade profunda com o Senhor. Nesse lugar, entendemos que não estamos sozinhos, pois temos o mais poderoso de todos os aliados, o Senhor dos exércitos, poderoso nas batalhas.

Além disso, somente nesse lugar nós recebemos a maior de todas as armas para derrotarmos o medo: o perfeito amor de Deus.

> Sabemos quanto Deus nos ama e confiamos em seu amor. Deus é amor, e quem permanece no amor permanece em Deus, e Deus nele. À medida que permanecemos em Deus, nosso amor se torna mais perfeito. Assim, teremos confiança no dia do julgamento, pois vivemos como Jesus viveu neste mundo. Esse amor não tem medo, pois o perfeito amor afasta todo medo. Se temos medo, é porque tememos o castigo, e isso mostra que ainda não experimentamos plenamente o amor. (1 João 4.16-18 – NVT)

A própria Palavra nos diz que o que afasta o medo é o amor, mas não qualquer um, e sim o amor de Deus. Por quê? Certamente, o medo é um reflexo de não compreendemos a dimensão do amor de Deus por nós. Quanto mais consciência temos do Seu grande amor, mais confiamos em Seus planos e em Seu poder. Pense bem: se eu tenho medo de perder um

> A maior de todas as armas para derrotarmos o medo: o perfeito amor de Deus.

ente querido, é porque eu não estou completamente alicerçado no amor do Pai, e não creio que é Ele quem cuida das pessoas que são importantes para mim. Se eu tenho medo de nunca conseguir sair da pobreza, é porque eu não acredito que o Pai me ame a ponto de querer que eu tenha uma vida melhor do que a que tenho hoje.

O único lugar em que recebemos mais desse amor é na intimidade com Ele. E é através da certeza de que somos amados que vencemos os leões, os ursos e, consequentemente, os gigantes. É nesse lugar que compreendemos que "somos mais que vencedores por meio daquele que nos amou" (Romanos 8.37 – KJA).

> O medo é um reflexo de não compreendemos a dimensão do amor de Deus por nós.

Outra coisa que pode nos ajudar nessa batalha contra

o medo é preservarmos a memória das coisas que Deus já fez em nossas vidas. Assim como Davi se lembrava das vitórias que ele havia conquistado com Deus quando cuidava das ovelhas, nós devemos nos lembrar dos medos que já

> É através da certeza de que somos amados que vencemos os leões, os ursos e, consequentemente, os gigantes.

vencemos. Dessa forma, podemos usar nossos triunfos passados como testemunhos para o nosso futuro.

Sempre que nos deparamos com um medo à nossa frente, podemos extrair força de todas as vezes em que o Senhor nos ajudou, e dizer: "Eu já venci outras vezes, e eu vencerei mais uma vez pelo poder de Quem luta por mim". Dessa maneira, você mantém um coração grato pelo que Deus já fez, e confiante pelo que Ele ainda vai fazer.

Eu gostaria de convidá-lo a tirar alguns minutos para listar todos os medos que o Senhor já ajudou você a vencer. Escreva em um papel aquelas coisas que antes o impediam ou o assustavam, mas que agora estão debaixo dos seus pés. Feito isso, eu quero que guarde isso com você, para que quando identificar uma luta contra o medo, abra esse papel e veja que você já venceu várias outras batalhas, e que essa que está à sua frente será apenas mais uma vitória para a sua lista. O Senhor é contigo.

Mais uma coisa que pode ajudá-lo a sair vitorioso na luta contra seus temores é entender que por trás de cada desafio existe uma grande recompensa. Quando Davi chegou ao acampamento, ele não apenas perguntou quem era o gigante que estava desafiando os exércitos do Senhor, mas também quis saber qual seria a recompensa dada ao homem que o derrotasse. E, depois de enfrentar aquilo que nenhum soldado enfrentou, ele recebeu a recompensa que nenhum outro homem recebeu: sua família se tornou isenta de pagar impostos e ele pôde se casar com a filha do próprio rei. Davi, o pastor de ovelhas, agora havia se tornado parte da família real. Tudo porque ele ousou lutar enquanto todos os outros se escondiam.

> Uma coisa que pode ajudá-lo a sair vitorioso na luta contra seus temores é entender que por trás de cada desafio existe uma grande recompensa.

Para ajudá-lo a compreender melhor, quero contar a você uma história de dois passarinhos que estavam voando sobre algumas plantações. Eles estavam lá, fazendo aquilo que sempre fazem, quando de repente avistaram um grande espantalho. Aquela coisa horripilante havia sido colocada lá justamente para assustar as aves que tentassem se aproximar. Os dois pássaros, ao olharem para ele, tiveram reações diferentes:

um deles saiu voando, com medo daquela figura assustadora; porém o outro pássaro voou diretamente na direção do espantalho, sem medo algum, afinal ele sabia que onde há um espantalho existe uma plantação cheia de alimento.

Precisamos entender que se o medo está nos resistindo é porque estamos no caminho de algo grande. Só o que precisamos fazer é encarar, e veremos que, na verdade, o monstro que nos assusta tanto é, na verdade, um espantalho, sem vida, que guarda um tesouro enorme. Assim, deixamos de olhar para o que nos aterroriza como algo impossível e começamos a ver como um sinal de que algo incrível está chegando.

Outro personagem na Bíblia que nos ensina muito sobre o medo é Gideão. Ele estava debulhando trigo, escondendo-se dos inimigos, quando o Senhor enviou um anjo para encontrá-lo e desafiá-lo a se tornar o libertador de Israel. Porém, para se tornar quem Deus o havia chamado para ser, ele precisaria vencer seus medos.

> **Se o medo está nos resistindo é porque estamos no caminho de algo grande.**

Uma das coisas que Deus desafiou Gideão a fazer era derrubar o altar de Baal que havia sido construído pelo povo. Gideão, então, reúne toda a sua ousadia e cumpre a tarefa incumbida a ele, porém faz isso durante a noite, "com

> **A vitória contra o medo é um processo, e cada um tem o seu.**

medo de sua família e do povo de sua cidade" (Juízes 6.27). Vendo isso, muitos de nós poderíamos questionar a bravura de Gideão, mas podemos tirar disso algo muito valioso sobre como derrotar o medo. Ele nos mostra que a vitória contra o medo é um processo, e cada um tem o seu.

Sim, Gideão ainda tinha medo em seu coração, mas ele já estava tomando passos ativos para se tornar uma pessoa mais ousada, acessando, assim, o plano de Deus para sua vida. Um detalhe importante é que, em nenhum momento, o Senhor disse que ele teria de ser visto derrubando os altares, então ele não desobedeceu ao Pai em nenhum aspecto. Muitas vezes, nós complicamos demais as coisas, mas Deus, conhecendo o nosso processo, pede-nos coisas que Ele sabe que conseguiremos fazer e que contribuirão para nossa vitória sobre o que nos aprisiona hoje. Sendo assim, precisamos aprender a respeitar os processos de cada um com relação à vitória sobre o medo, especialmente os nossos.

> **Precisamos aprender a respeitar os processos de cada um com relação à vitória sobre o medo, especialmente os nossos.**

Por fim, a última dica que eu deixo para você

que quer sonhar cada vez mais alto, sem perder o sono com as preocupações deste mundo, é a seguinte: cerque-se de pessoas que o encorajam. O grupo de amigos que temos à nossa volta pode ser a diferença entre a vitória e a derrota, pois eles podem nos impulsionar a correr sem hesitar em direção ao nosso destino, ou podem nos assustar ainda mais. Sendo assim, escolha estar com pessoas que acreditam nos sonhos de Deus para a sua vida, e que não deixam que você pare por conta dos seus temores.

> Escolha estar com pessoas que acreditam nos sonhos de Deus para a sua vida, e que não deixam que você pare por conta dos seus temores.

Faça uma lista agora, neste exato momento, de quem são as pessoas que lançam você para frente, e seja intencional em estar cada vez mais próximo de cada uma delas. Dessa forma, você sempre poderá contar com um suprimento de ousadia, especialmente nos momentos em que sentir que não consegue sozinho. Mas lembre-se: o nosso maior encorajador sempre será Jesus, Ele é nosso melhor amigo. Eu me recordo até hoje de uma das maiores batalhas que eu tive contra o medo em toda a minha vida.

> O nosso maior encorajador sempre será Jesus, Ele é nosso melhor amigo.

Em 2014, eu já estava noivo da Fabíola e nós estávamos trabalhando muito para conseguirmos arcar com todos os gastos do casamento. Eu ainda trabalhava no banco, mas estávamos com tantas despesas que fazia bicos para conseguir complementar nossa renda. Porém, chegamos a uma semana específica em que havia vários pagamentos grandes que nós precisávamos fazer, e nós não tínhamos o dinheiro para isso.

Eu me lembro que, diante daquela situação, comecei a ficar com muito medo, pois não via nenhuma saída em meio a toda aquela bagunça financeira. Meu caso não era apenas não ter o dinheiro, como também não tinha perspectiva de como conseguir tudo aquilo. Comecei, então, a me desesperar a ponto de até mesmo duvidar se eu iria conseguir me casar.

> O Espírito Santo começou a falar comigo e me lembrar de todas as coisas que Ele já havia feito em minha vida.

Foi então que, um dia, durante o momento de oração, o Espírito Santo começou a falar comigo e me lembrar de todas as coisas que Ele já havia feito em minha vida, passando uma linha do tempo diante dos meus olhos.

Ele me lembrou de como, em 2009, eu estava nas drogas e não O conhecia, mas Ele transformou aquela situação e me tirou do vício. Levou-me de volta a 2010, o ano em que eu havia conhecido Jesus, e me mostrou como havia sido um dos melhores anos da minha vida. Lembrou-me de que, em 2011, eu estava fazendo cultos nas praças, começando a entrar de vez no meu chamado ministerial. Ele me recordou então de como, em 2012, eu queria encontrar a mulher que

> Decida levar uma vida diferente a partir de hoje, lutando contra seus medos e entendendo cada vez mais que você tem um Pai que o ama muito.

seria minha esposa, e Ele havia me livrado de entrar em vários relacionamentos errados, para que, em 2013, eu conhecesse a Fabíola.

Então, Ele me disse: "Samuel, em cinco anos eu o tirei das drogas, curei suas feridas, dei uma voz a você, ajudei-o a superar seus traumas, dei sonhos que você jamais imaginou e presenteei-o com a mulher que será sua esposa. Por que é que você está tão preocupado agora? Você se esqueceu de tudo o que eu já fiz? Descansa em mim e fica tranquilo, porque sou Eu que tomo conta do seu casamento". A verdade é que, depois daquela experiência, nós conseguimos todo o dinheiro que precisávamos e pagamos tudo. Foi uma grande vitória, e é algo que eu sempre carrego como lembrança

> A única coisa que você precisa fazer é acreditar n'Ele.

de que não há o que temer, pois o meu Pai cuida de mim.

Da mesma forma, eu quero lhe dizer que enquanto continuar dando ouvidos ao que desespera a sua vida, você não conseguirá sonhar conforme os planos de Deus. Decida levar uma vida diferente a partir de hoje, lutando contra seus medos e entendendo cada vez mais que você tem um Pai que o ama muito, e que tem grandes planos e projetos para sua vida. A única coisa que você precisa fazer é acreditar n'Ele.

> Entregue o seu caminho ao Senhor; confia nele e ele o fará.
> (Salmos 37.5 – KJA)

Capítulo 6

SUPERANDO AS DECEPÇÕES

Tenho certeza que todo mundo se lembra de pelo menos um conto de fadas que ouviu quando mais jovem. Histórias fantásticas e fantasiosas, em que tudo dava certo para os mocinhos, sempre terminando com o famoso "[...] E viveram felizes para sempre". Nós sempre adorávamos ouvir esses contos, porque eles nos ensinavam que tudo sempre daria certo e que não havia nada com o que nos preocuparmos.

Porém, muitas vezes, nós carregamos esses conceitos para dentro do mundo real, mesmo que de forma inconsciente, e quando nos deparamos com a realidade, sofremos com uma grande desilusão. Descobrimos que a vida não é como nas histórias, as ruas não são feitas de chocolate e nem tudo sempre dá certo exatamente da maneira como imaginamos. Começa, assim, a crescer em nós o sentimento que chamamos de decepção.

Apesar de ser uma palavra usada com bastante frequência, muitas pessoas não entendem qual é o processo que nos leva à frustração, e isso nos faz passar constantemente por essa dolorosa experiência. Mas, afinal de contas, o que é a decepção? A resposta é simples, mas muito verdadeira: ela é o espaço negativo que existe entre a expectativa e a realidade.

> É necessário estarmos atentos às nossas expectativas, para que não sonhemos de forma fantasiosa.

Se refletirmos um pouco, só nos decepcionamos quando criamos expectativas em relação a alguém ou algo. Vou dar-lhes um exemplo: um homem foi viajar a trabalho e sua esposa ficou em casa. Ela esperou ansiosamente que, ao retornar, seu marido trouxesse um belo presente do lugar onde ele esteve, simbolizando o quanto se lembrou dela durante seu tempo fora. Porém, ao regressar de sua viagem, o marido estava de mãos vazias e nem havia pensado no tão esperado presente. Logo, o que esse acontecimento resultou? A esposa ficou decepcionada. Por quê? Porque ela criou uma expectativa que não foi suprida.

Você pode estar se perguntando: "Mas por que estamos falando sobre isso?". Bem, eu presumo que a este ponto do livro você já esteja empolgado com seus sonhos e planejando as diversas formas de torná-

-los realidade, e isso é muito bom. Porém, é necessário estarmos atentos às nossas expectativas, para que não sonhemos de forma fantasiosa.

Muitas vezes, quando idealizamos, estamos tão imersos nos nossos objetivos que criamos um conto de fadas em nossa cabeça, no qual o fim que nós desejamos acontecerá de forma automática. Mas a verdade é que sonhos não se realizam instantaneamente. Entre o lugar onde estamos hoje e a sua materialização, existe um processo.

> **Não se engane, idealizar um sonho sem contar com o caminho até sua realização é algo extremamente comum, e pode acontecer com todos nós.**

Temos a tendência de unir o início diretamente ao final, sem nos lembrarmos da jornada que existe entre esses dois pontos. Isso pode parecer loucura quando analisamos friamente as páginas de um livro, mas é mais comum do que imaginamos. Não se engane, idealizar um sonho sem contar com o caminho até sua realização é algo extremamente comum, e pode acontecer com todos nós.

Mas a jornada que trilhamos para alcançar um grande objetivo nunca está cem por cento clara à nossa frente. Podemos até ter uma ideia geral do que temos de fazer para chegar onde desejamos, mas, com certeza, não temos conhecimento de todos os passos que deveremos tomar. Em outros momentos, nós ao menos sabemos por onde começar. Precisamos, então, entender que grande parte das nossas jornadas é descoberta à medida em que tentamos avançar. Porém, isso vai nos colocar de frente com uma verdade inevitável: nós cometeremos erros.

> **Por trás de todo esse sucesso sempre existem muitos erros e tentativas frustradas, elas apenas não são colocadas na vitrine.**

Algo que certamente estará presente em nossa constante tentativa de perseguir os nossos sonhos é o processo que chamamos de "tentativa e erro". Não importa quanto nos esforcemos em cautela, não conseguimos escapar disso. Nós podemos tentar, e falharemos em muitas dessas tentativas, porque o famoso "quebrar a cara" faz parte desse processo.

Além disso, é importante entendermos que vale para todos. É comum criarmos a ideia de que pessoas bem-sucedidas, realizadas e incríveis certamente nunca cometeram um erro na vida. Mas isso não passa de uma grande ilusão. A realidade é que nós vemos apenas o que está exposto: as fotos nas redes sociais, os artigos nas revistas e os frutos do sucesso. Mas não se deixe enganar, por trás de todo esse sucesso sempre existem muitos erros e tentativas frustradas, elas apenas não são colocadas na vitrine.

O problema é que, muitas vezes, começamos a perseguir nossos sonhos, empolgados com o destino à nossa frente, mas assim que o primeiro sinal de que as coisas talvez não aconteçam exatamente da forma que esperávamos aparece, nós nos frustramos. Quando tentamos ir por um caminho e descobrimos que não era o correto, ou tentamos fazer as coisas de uma maneira que acaba não funcionando, pode gerar em nós um sentimento de decepção muito perigoso, que nos paralisa.

São muitas as pessoas que pararam de sonhar por não saberem lidar com a decepção diante das dificuldades da vida ou dos seus próprios erros. Esperavam que o caminho fosse um "mar de rosas", mas ao se deparar com as tempestades da vida real, não conseguiram encontrar forças para continuar.

Isso acontece quando nós não entendemos que a decepção por errar na tentativa de acertar faz parte do pacote. Nós sofremos um choque de realidade tão grande que tiramos os olhos dos nossos anseios e ficamos completamente focados na nossa frustração. De repente, o que parecia estar ao alcance das nossas mãos se torna inalcançável, e perdemos a vontade de tentar novamente, com medo de cair na decepção mais uma vez.

> **A decepção por errar na tentativa de acertar faz parte do pacote.**

Porém, isso ocorre porque constantemente confundimos falha com fracasso. Achamos que, por causa dos nossos erros, somos desqualificados para continuar o resto da caminhada. Mas a verdade é que fracasso não se iguala a falha. Fracassar é desistir, deixar de tentar novamente porque acreditamos mais no poder dos nossos erros e circunstâncias do que em nossos sonhos.

> A verdade é que fracasso não se iguala a falha.

Mas, então, por que somos tão tentados a desistir quando falhamos? Porque nós temos a tendência de incorporar os erros que cometemos. Associamos as nossas falhas momentâneas à nossa identidade permanente, e de repente, aos nossos olhos, nós nos tornamos o erro que cometemos. "Eu não fui mal na prova porque eu me esqueci do que eu havia estudado, e sim porque eu não sou inteligente", ou "eu não escolhi mal o meu ex-namorado, mas sempre atraio pessoas ruins".

O problema é que, quando enxergamos nossas falhas como parte de quem nós somos, criamos a ideia de que é impossível escapar desses erros. Afinal, como nos distanciamos de nós mesmos? E assim, nos entregamos, aceitando uma realidade inferior a que poderíamos viver, por acharmos que somos menos do que imaginávamos ser. Mas essa é uma grande mentira.

Existe uma lição que podemos aprender na Palavra de Deus, mais especificamente na famosa parábola do Filho Pródigo:

> Jesus continuou: "Um homem tinha dois filhos. O filho mais jovem disse ao pai: 'Quero a minha parte da herança', e o pai dividiu seus bens entre os filhos. Alguns dias depois, o filho mais jovem arrumou suas coisas e se mudou para uma terra distante, onde desperdiçou tudo que tinha por viver de forma desregrada. Quando seu dinheiro acabou, uma grande fome se espalhou pela terra, e ele começou a passar necessidade. Convenceu um fazendeiro da região a empregá-lo, e esse homem o mandou a seus campos para cuidar dos porcos. Embora quisesse saciar a fome com as vagens dadas aos porcos, ninguém lhe dava coisa alguma. Quando finalmente caiu em si, disse: 'Até os empregados de meu pai têm comida de sobra, e eu estou aqui, morrendo de fome. Vou retornar à casa de meu pai e dizer: Pai, pequei contra o céu e contra o senhor, e não sou mais digno de ser chamado seu filho. Por favor, trate-me como seu empregado'. Então voltou para a casa de seu pai. Quando ele ainda estava longe, seu pai o viu. Cheio de compaixão, correu para o filho, o abraçou e o beijou. O filho disse: 'Pai, pequei contra o céu e contra o senhor, e não sou mais digno de ser chamado seu

filho'. O pai, no entanto, disse aos servos: 'Depressa! Tragam a melhor roupa da casa e vistam nele. Coloquem-lhe um anel no dedo e sandálias nos pés. Matem o novilho gordo. Faremos um banquete e celebraremos, pois este meu filho estava morto e voltou à vida. Estava perdido e foi achado!'. E começaram a festejar". (Tiago 15.11-24 – NVT)

Não importava quantos erros o filho mais novo havia cometido, aquilo não alterava sua identidade: ele continuava sendo filho. Da mesma forma, nossos erros e falhas não mudam quem somos diante do Pai. Não importa quão graves sejam as falhas, sempre existirá perdão e amor disponíveis da parte do Senhor para nós, e Ele sempre nos receberá de volta de braços abertos, pronto para nos lavar e nos fazer novos em folha.

> **Nossos erros e falhas não mudam quem somos diante do Pai.**

Precisamos entender que as coisas não são tão definitivas quanto parecem. Não é porque hoje cometemos um erro, por mais terrível que seja, que o praticaremos para sempre. Afinal, nós não somos a soma dos nossos erros, e sim quem o Senhor diz que somos. Você sabe o que Ele diz sobre você?

Então Deus disse: "Façamos o ser humano à nossa imagem; ele será semelhante a nós. Dominará sobre os peixes do mar, sobre as aves do céu, sobre os animais domésticos, sobre todos os animais selvagens da terra e sobre os animais que rastejam pelo chão". Assim, Deus criou os seres humanos à sua própria imagem, à imagem de Deus os criou; homem e mulher os criou. (Gênesis 1.26-27 – NVT)

Você foi feito à imagem e semelhança do Pai, e isso significa que você é totalmente capaz de vencer qualquer medo, falha ou fraqueza que se posicione em sua frente. Afinal, você é filho do Deus que venceu a morte. Além disso, outra coisa que pode nos ajudar a enxergar tanto nossas falhas quanto as circunstâncias difíceis com a perspectiva correta é observarmos a influência que as nossas emoções e sentimentos têm em nossas vidas.

> Nós não somos a soma dos nossos erros, e sim quem o Senhor diz que somos.

Nós, seres humanos, quase sempre reagimos baseados em nossas emoções, é comum nos deixarmos dominar por elas. É possível presenciar isso na prática quando estabelecemos alguma meta em nossa vida, como por exemplo, ir à academia todo dia. Nós começamos empolgados, cumprindo o desafio, mas, com o tempo, fraquejamos. Quando começamos a sentir as dores causadas pelos exercícios, ou quando acordamos desanimados,

> Você foi feito à imagem e semelhança do Pai.

acabamos desistindo, abrimos mão dos nossos objetivos em prol das nossas emoções.

O problema disso é que as nossas emoções e sentimentos são inconstantes, e quando baseamos nossas ações e decisões nelas, nossa vida se torna inconstante. Nós nos tornamos incapazes de manter uma busca diligente pelos nossos sonhos, pois quando nos frustramos por conta de alguma decisão errada, nos sentimos mal e somos tentados a abandonar tudo, assim como no exemplo da academia.

> Deus não se move baseado em emoções, mas sim em quem Ele é, em Sua própria essência.

Deus, por outro lado, não se move baseado em emoções, mas sim em quem Ele é, em Sua própria essência. O Senhor é o mesmo ontem, hoje e sempre, n'Ele não há sombra de variação (cf. Tiago 1.17). Isso não quer dizer que Deus não sinta, mas sim que Ele não se deixa dominar pelo que sente. Ele está no controle de todas as coisas, inclusive de Suas emoções.

Sendo assim, quando nós erramos ou temos de lidar com uma situação adversa, geralmente reagimos de acordo com o que estamos sentindo, que na maioria das vezes resume-se à frustração, tristeza e desânimo. Porém, a verdade é que nossos erros e problemas não mudam a postura de Deus com relação aos nossos sonhos. Ele permanece o mesmo, ansiando a realização de Seus planos para conosco e acreditando em nós, mesmo quando não acreditamos em nós mesmos.

Por isso é tão importante desenvolvermos o que chamamos de inteligência emocional, que significa deixarmos de ser controlados por nossas emoções e passarmos a controlá-las. Dessa forma, nós nos tornamos cada vez mais parecidos com Jesus, e, assim, analisamos as situações de forma mais racional e positiva. De repente, aquele problema que possivelmente nos deixaria arrasados perde seu poder contra nós, logo, somos capazes de continuar perseguindo os sonhos de Deus, apesar de nossas emoções momentâneas.

Agora, quando os tropeços no meio do caminho vierem (e eles virão), é de vital importância nunca desistirmos. Independentemente do que acontecer, desistir de buscar os sonhos de Deus jamais pode ser uma opção. Devemos perseverar e lutar até o fim para cumpri-los, e uma das formas de não nos desencorajarmos quando a decepção surgir é mudando a nossa perspectiva sobre nossas dificuldades e falhas.

Na maioria das vezes, voltamos nosso olhar para nossos erros e dificuldades como coisas estritamente negativas, que atrasam nosso processo e nos mostram que somos menos do que acreditávamos ser.

> É tão importante desenvolvermos o que chamamos de inteligência emocional, que significa deixarmos de ser controlados por nossas emoções e passarmos a controlá-las.

E realmente existe uma parcela negativa nessas coisas. Porém, podemos expandir a nossa visão e olhar de uma perspectiva diferente.

E se, em vez de enxergarmos apenas o mal ao cometer um erro, ou em enfrentar uma situação adversa, começássemos a perceber que essas são, na verdade, oportunidades de aprendizado? Afinal de contas, momentos de tristeza e decepção carregam um enorme potencial de crescimento e amadurecimento.

Sendo assim, sempre que seguimos pelo caminho errado, ou nos enganamos e fazemos algo que não deveríamos, nós podemos escolher desperdiçar essa situação e não aprender nada, ou podemos aproveitar a dificuldade para nos tornarmos pessoas mais experientes, resilientes e fortes. Isso, porque nada forja tanto o nosso caráter como a adversidade.

Pense bem: quando você está confortável e tudo está funcionando da forma que sempre imaginou, você não está se desenvolvendo. Mas quando um problema inesperado surge em sua frente e você precisa vencê-lo, isso o leva para um nível mais alto de maturidade.

> **Nada forja tanto o nosso caráter como a adversidade.**

Pode ter certeza que, se você não desistir, mas perseverar até que a vitória chegue, no fim do processo você será uma pessoa mais forte e estará mais perto de alcançar seus sonhos. Para exemplificar essa ideia melhor, vou compartilhar uma história.

Caso você não saiba, minha esposa Fabíola é uma pregadora do Evangelho, logo, está sempre viajando às igrejas, levando a Palavra do Senhor e tocando várias vidas com o amor de Deus. Porém, a verdade é que o caminho que ela percorreu até que se tornasse quem é hoje não foi tão tranquilo quanto parece. Na verdade, no começo, ela teve medo de pregar, enfrentar a timidez e o temor dos homens. Tudo foi um grande desafio para ela. Mas, seguindo o sonho de Deus para sua vida, a Fabíola encarou esse desafio e passou a compartilhar cada vez mais o que o Senhor havia feito em sua vida.

Entretanto, em um dia específico, ela foi pregar em certo lugar e as coisas não correram como desejava. Até eu, como seu marido tenho de admitir: foi um desastre. Eu me lembro vividamente de que, quando chegamos em casa, ela me disse que iria desistir, que não iria mais pregar o Evangelho depois do que havia acontecido.

Porém, eu disse a ela que nós não iríamos desistir, porque aquilo não era apenas um sonho nosso, mas sim de Deus, e que Ele a havia escolhido para fazer aquilo por um motivo. Eu me lembro, também, de dizer algo muito específico: "Esse dia não define quem você é". Nós sabíamos que, apesar da frustração pela experiência ruim que havia passado, o Senhor sonhou com uma Fabíola que anunciaria as Boas Novas pelo Brasil e pelas nações. A ocasião era só um imprevisto, e não uma sentença. Ela então usou aquela dificuldade como uma plataforma para se tornar mais forte e desenvolver ainda mais o seu propósito em Deus, e isso a fez mais forte e corajosa.

Depois desse acontecimento, a Fabíola continuou pregando e hoje é uma grande mulher de Deus, que influencia toda uma geração de jovens a levarem uma vida de amor por Cristo e com suas identidades firmadas no Pai. Nada disso estaria acontecendo se ela tivesse desistido naquele dia. Ela estaria fazendo alguma outra coisa, e provavelmente estaria frustrada por não estar vivendo aquilo que o Senhor a chamou para fazer.

Em minha opinião, poucas coisas são tão tristes como quando caminhamos para uma vida que não tem nenhuma relação com os nossos sonhos. Você conhece essa sensação? De estar completamente atarefado com coisas que não preenchem o anseio em seu coração por algo maior? Geralmente, quando nos encontramos nessa situação é porque nos frustramos no meio do caminho e simplesmente desistimos de sonhar. Acabamos

> Poucas coisas são tão tristes como quando caminhamos para uma vida que não tem nenhuma relação com os nossos sonhos.

nos conformando com uma vida que não nos empolga nem nos leva até os sonhos de Deus, porque em algum momento, nós nos decepcionamos e perdemos o ânimo que tínhamos no começo. Essa é uma das piores sensações que podemos experimentar.

Eu sei disso porque me lembro de quando estava em uma situação parecida com essa. Um dos meus primeiros empregos foi como estagiário em uma grande corporação no Ceará. Era um lugar incrível, mas o problema é que eles haviam me colocado para trabalhar no setor de Recursos Humanos, e essa era uma área com a qual eu não tinha a menor afinidade. Em sua grande maioria, as pessoas que trabalham com RH são mais quietas e introspectivas, enquanto eu sou muito comunicativo e extrovertido.

> É comum nos sentirmos derrotados e desesperançosos, mas talvez o problema esteja no ambiente, e não em nós.

Pela falta de compatibilidade com a área, eu me lembro que tudo o que eu tentava fazer naquele setor dava errado, e as pequenas coisas que davam certo passavam completamente despercebidas pelas pessoas. Eu me recordo de ir para casa depois do serviço me sentindo a pior pessoa do mundo. E, para piorar, quando o meu contrato de estágio de dois anos com a empresa acabou, eu não fui efetivado. Aquilo me frustrou ainda mais, pois eu via todos os meus colegas sendo contratados depois de seus estágios, enquanto eu fui o único a ser dispensado. Eu lembro de me sentir um fracassado, e de ter perdido quase toda a esperança.

Porém, também me lembro que um dia eu fui fazer

uma entrevista no banco, e após o processo seletivo, fui contratado para o setor comercial, que tinha muito mais compatibilidade comigo. Na primeira semana de trabalho, eu recebi a minha primeira meta, e eu me lembro claramente de chegar para o meu chefe no fim do dia com ela cumprida. Ele me perguntou se eu havia batido a meta do dia, e eu lhe disse que não, e que aquela era a meta da semana. Além disso, ainda lhe perguntei qual era a meta do mês inteiro.

Todo o escritório ficou impressionado comigo, e, aquela pessoa que estava se sentindo um fracassado começou a alegrar-se e alocar-se de volta à rota certa. Eu fui promovido em apenas nove meses de empresa, e ainda recebi outra promoção antes de pedir demissão para trabalhar por conta própria.

Mas, ao meditar sobre o assunto, eu percebi que o problema na outra empresa não estava em mim, e sim no lugar, que não tinha relação alguma com quem eu nasci para ser. É comum nos sentirmos derrotados e desesperançosos, mas talvez o problema esteja no ambiente, e não em nós.

Eu gostaria de convidá-lo para, por um momento, começar a resgatar os sonhos que você tinha antes. Anote-os em algum lugar e analise sua vida, observando se ela está convergindo com seus sonhos. Caso você esteja levando uma rotina que

> **Se você não acreditar nos seus sonhos, ninguém fará isso por você.**

> É que sempre é possível recomeçar. Não importa qual foi o erro, ou quão grande é o obstáculo – se você não conseguir vencer e acabar caindo, levante-se e tente outra vez.

não o aproxima dos seus propósitos, talvez seja hora de reconsiderar algumas coisas, para que então você volte a sonhar e a buscar as promessas que Deus separou para você. Lembre-se: nunca é tarde para começar a caminhar rumo aos seus sonhos.

E para finalizar mais um capítulo, eu gostaria de deixar aqui três passos para vencermos a decepção e prosseguirmos na direção dos nossos alvos, sem medo de errar e nunca desistir:

O primeiro deles é: acredite no seu sonho. Não faz sentido sonhar se você não crê que aquilo que almeja é possível. Precisamos acreditar que, de fato, alcançaremos aquilo que o Pai tem para nós, e então correremos com fé na direção dos nossos objetivos. E lembre-se, se você não acreditar nos seus sonhos, ninguém fará isso por você.

No segundo passo, é preciso olhar mais para o que está à sua frente do que para quem está ao seu lado. Mantenha o foco no seu propósito, e não no que as pessoas dizem sobre você. Ainda que elas tentem ridicularizá-lo, ou fazê-lo desanimar, você deve silenciar essas vozes e manter seus olhos no prêmio. Se você fizer isso, não apenas sua autoestima e força de vontade aumentarão, mas seus alvos também serão alcançados. *Haters gonna hate* (invejosos irão odiar), nunca é possível agradar a todos. O importante é prosseguir, pois o maior dos apoiadores mora dentro de você.

E o terceiro e último ponto é que sempre é possível recomeçar. Não importa qual foi o erro, ou quão grande é o obstáculo – se você não conseguir vencer e acabar caindo, levante-se e tente outra vez. O importante é nunca desistir de tentar, pois a perseverança sempre traz resultados, tanto internos quanto externos.

Se você fizer isso, com certeza estará mais preparado para as frustrações, até alcançar aquilo que o Pai tem para você. Lembre-se, Ele sempre acreditará nos propósitos d'Ele para nós, mesmo quando nós já não cremos.

Sendo assim, que tal dar mais uma chance para os sonhos de Deus? Pode ter certeza de que valerá a pena!

Capítulo 7

COMECE AGORA

"Um homem com experiência nunca ficará à mercê de um homem com argumentos". Embora não se saiba exatamente quem é o autor dessa frase, ela carrega uma verdade muito profunda e relevante para as nossas vidas, especialmente para nós que estamos caminhando rumo a sonhos cada vez mais altos.

Digo isso porque, a esta altura do campeonato, você já deve ter começado a anotar seus sonhos em algum lugar, planejando maneiras de executá-los e imaginando repetidamente a sua concretização. Afinal, nós já aprendemos a não sonhar com "bengalas", a não nos conformarmos com o que já temos, além disso, a lutar por nossas mentes, combatendo qualquer pensamento de medo ou necessidade que possa surgir, e a passarmos por cima das decepções da vida.

Porém, fato é que, até este momento, tudo isso existe apenas no campo da teoria, e se não transformarmos esses planos em algo prático rapidamente, corremos o risco de nos tornarmos como aquelas pessoas que carregam diversos planos, mas todos eles nunca saem do papel. Por mais fantástica que seja, toda teoria que não está aliada à prática não gera impacto na realidade.

> **Muitas pessoas passam por toda a vida sem nunca dar uma chance para seus sonhos.**

Neste momento, você pode estar pensando como isso é óbvio, e que não faz o menor sentido não buscar pela concretização dos seus objetivos. Porém, é algo extremamente comum. Muitas pessoas passam por toda a vida sem nunca dar uma chance para seus sonhos. Isso pode acontecer por uma série de fatores, mas a maioria deles pode ser rastreado para algo que nós já abordamos: o medo de fracassar.

Esse temor nos impede de sair da teoria e entrar na prática, pois, enquanto nossos sonhos permanecerem apenas na imaginação, eles serão preservados de qualquer choque de realidade. Dessa forma, nós nos resguardamos das possíveis decepções e conservamos a perfeição de nossos planejamentos em nossa mente, sem perceber que, na verdade, estamos desperdiçando seu potencial.

Temos de nos lembrar, também, que os sonhos de Deus não são apenas cheios de potencial, mas também de propósito. Ele não nos confia Seus planos apenas para imaginá-los, mas sim realizá-los. Afinal, como já vimos, o Senhor planeja usá-los para abençoar toda a Terra.

Sendo assim, precisamos compreender que aquilo que respalda o verdadeiro sonhador não é apenas a sua capacidade de fazer planos incríveis, mas também a sua coragem para os executar, tirando-os do campo das ideias. Pense bem: as pessoas que nós admiramos e consideramos como incríveis sonhadores, que estão deixando a sua marca no mundo, são também ótimos executores. Isso, porque a proeza de transformar ideias em realidade é o que verdadeiramente marca a história.

> Temos de nos lembrar, também, que os sonhos de Deus não são apenas cheios de potencial, mas também de propósito.

Além disso, se analisarmos um pouco mais fundo, todos nós, no subconsciente, sabemos que a experiência adquirida pela prática sempre será superior à teoria. Você duvida disso? Imagine que você deseja fazer uma trilha com sua família no meio de uma floresta que vocês não conhecem, e precisam que alguém os guiem por esse trajeto desconhecido. Quem você escolheria para orientá-los, um homem que passou os últimos cinco anos sentado em uma sala, estudando o mapa da floresta e lendo livros sobre ela, ou um que, há

30 anos, trabalha como guia nesse trajeto e já levou centenas de pessoas pelo caminho que você deseja trilhar? Precisamos concordar que a resposta é mais do que óbvia.

Dessa forma, para alcançarmos tudo o que Deus tem preparado para nós, precisamos sair da teoria e fazer com que as coisas realmente aconteçam. E, para isso, o passo mais importante e fundamental é começar.

> **Precisamos sair da teoria e fazer com que as coisas realmente aconteçam.**

Simples assim. Seja qual for o seu sonho, persiga-o ativamente agora. Não deixe para depois, mas comece neste exato momento. Por quê? A resposta é simples: porque o passo mais importante de toda maratona sempre é o primeiro.

De todas as etapas que irão nos levar à realização dos nossos planos, definitivamente a mais crucial de todas é o começo. Sem o princípio, nenhuma outra etapa deste processo ocorre, entende? Mas, por incrível que pareça, é justamente nesse estágio que a maioria dos sonhos perece. Eles são abortados, morrendo antes mesmo de nascer, pois nunca saem da nossa imaginação e não alcançam a plenitude de seu potencial.

Dar o primeiro passo sempre gera aquele frio na barriga, pois, quando tomamos essa atitude, estamos declarando para nós mesmos que, ainda que tenhamos medo de falhar e de nos decepcionar, nossa vontade de viver algo extraordinário é maior. Estamos dizendo para nós mesmos que, de fato, conseguimos fazer algo. Isso pode ser muito desafiador, pois muitas vezes essa não é a ideia predominante em nossas mentes, já que em vários momentos da vida, a voz da insegurança fala mais alto que a da coragem.

E algo que pode cooperar com essa ideia é o pensamento de que nós simplesmente não temos as melhores condições, ou até mesmo as mínimas, para realizar nossos sonhos. Olhamos para nossa realidade financeira, familiar ou acadêmica e sentimos que ainda não temos o que é preciso para realmente darmos a largada em nossos projetos. Sempre falta alguma coisa: dinheiro, conexões, oportunidades, e muitas outras. É quase como se estivéssemos dando desculpas para não termos de finalmente dar a largada e arriscar tudo na busca por nossos anseios. Porém, será que não é exatamente isso que estamos fazendo?

> De todas as etapas que irão nos levar à realização dos nossos planos, definitivamente a mais crucial de todas é o começo.

A verdade é que nós, como seres humanos, sempre temos a tendência de transferir o peso da culpa de tudo o que não ocorre como queríamos para outras coisas, ou até mesmo pessoas. Desde o jardim, quando Adão lançou a responsabilidade de seu erro sobre Eva, que depois a transferiu para a serpente, é fácil notar como nós temos dificuldade em assumir a bronca por nossas escolhas e compromissos. Sempre preferimos nos ver como as vítimas das situações do que como os responsáveis.

Entretanto, chega um momento em que nós precisamos olhar para o espelho e ver que nós somos os únicos capazes de dar os passos de fé necessários para a realização dos sonhos de Deus para as nossas vidas. Eu sei que pode parecer algo extremamente distante e que, às vezes, não conseguimos enxergar o cumprimento das promessas do Criador em meio a toda a bagunça em que nos encontramos, mas é nosso trabalho entrar em parceria com Ele e encontrar maneiras de progredir em direção aos Seus planos para nós.

> **Sempre preferimos nos ver como as vítimas das situações do que como os responsáveis.**

Eu me lembro de certa ocasião, em que eu estava fazendo uma mentoria com algumas pessoas, quando uma menina se aproximou para conversar comigo. Eu perguntei sobre sua vida e ela, imediatamente, começou a reclamar de várias coisas. Ela afirmava que nunca seria ninguém na vida, porque, ao contrário das outras pessoas, ela não recebia oportunidades.

Porém, em meio àquele discurso em que ela se colocava como vítima, eu a interrompi e perguntei: "Espere um pouco. O que você faz da vida hoje?", e ela me respondeu: "Eu faço faculdade". Perguntei se ela trabalhava, mas a resposta foi negativa. Então eu comecei a instigá-la, de forma que aquela moça percebesse que aquilo que ela pensava sobre si mesma não era verdade. Sua mente estava tão focada nas oportunidades que não tinha, que ela não estava conseguindo ver as outras possibilidades em sua vida.

> É nosso trabalho entrar em parceria com Ele e encontrar maneiras de progredir em direção aos Seus planos para nós.

Continuei lhe fazendo perguntas, até que ela me contou que fazia faculdade de nutrição, e eu lhe disse: "Então, se fizer uma boa faculdade, você vai ser uma boa nutricionista e pode mudar sua história e a da sua família, não é verdade?". Naquele momento, eu pude perceber que a sua forma de pensar começou a mudar. Ela saiu da defensiva, parou de reclamar tanto da vida e pôde notar as possibilidades que tinha em suas mãos.

Ainda naquela conversa, eu lhe perguntei: "Você tem dado o seu melhor na faculdade?". Ela me disse que não, pois estava perdendo aulas, com preguiça de estudar. Então, eu finalmente lhe disse: "A verdade não é que você não tenha oportunidades, e sim que está desperdiçando a única que tem hoje. E ainda que houvesse outras portas abertas em sua vida, isso não mudaria nada, pois você não tem sido fiel com o que tem em suas mãos agora".

> Todos nós temos o potencial de multiplicar o que temos em nossas mãos.

Naquele momento, seus olhos foram abertos e ela começou a perceber que tinha, sim, oportunidades em sua vida. Aquela menina estava tão ocupada reclamando de suas necessidades que não estava aproveitando o que de fato tinha. Ela saiu daquele lugar com uma perspectiva diferente, e eu, com a certeza de que todos nós sempre poderemos extrair o máximo de qualquer porta que nos foi aberta.

Ainda que as condições que nós vemos à nossa volta não sejam as mais ideais, elas são as únicas que temos, e, por mais que não pareça, todos nós temos o potencial de multiplicar o que temos em nossas mãos. Isso se chama ser fiel no pouco, um princípio do Reino de Deus para nós. Podemos ver isso na seguinte passagem:

> Porque isto é também como um homem que, partindo para fora da terra, chamou os seus servos, e entregou-lhes os seus bens. E a um deu cinco talentos, e a outro dois, e a outro um, a cada um segundo a sua capacidade, e ausentou-se logo para longe. E, tendo ele partido, o que recebera cinco talentos negociou com eles, e granjeou outros cinco talentos.

Da mesma sorte, o que recebera dois, granjeou também outros dois. Mas o que recebera um, foi e cavou na terra e escondeu o dinheiro do seu senhor. E muito tempo depois veio o senhor daqueles servos, e fez contas com eles. Então aproximou-se o que recebera cinco talentos, e trouxe-lhe outros cinco talentos, dizendo: Senhor, entregaste-me cinco talentos; eis aqui outros cinco talentos que granjeei com eles. E o seu senhor lhe disse: Bem está, servo bom e fiel. Sobre o pouco foste fiel, sobre muito te colocarei; entra no gozo do teu senhor. E, chegando também o que tinha recebido dois talentos, disse: Senhor, entregaste-me dois talentos; eis que com eles granjeei outros dois talentos. Disse-lhe o seu senhor: Bem está, bom e fiel servo. Sobre o pouco foste fiel, sobre muito te colocarei; entra no gozo do teu senhor. Mas, chegando também o que recebera um talento, disse: Senhor, eu conhecia-te, que és um homem duro, que ceifas onde não semeaste e ajuntas onde não espalhaste; E, atemorizado, escondi na terra o teu talento; aqui tens o que é teu. Respondendo, porém, o seu senhor, disse-lhe: Mau e negligente servo; sabias que ceifo onde não semeei e ajunto onde não espalhei? Devias então ter dado o meu dinheiro aos banqueiros e, quando eu viesse, receberia o meu com os juros. Tirai-lhe pois o talento, e dai-o ao que tem os dez talentos. Porque a qualquer que tiver será dado, e terá em abundância; mas ao que não tiver até o que tem ser-lhe-á tirado. (Mateus 25.14-29)

Chamada de "A parábola dos talentos", essa é uma das histórias mais famosas da Bíblia. Ao contá-la,

> **Não importa quão pouco pareça, você recebeu coisas incríveis do seu Pai que está nos Céus.**

Jesus nos ensina muito sobre a fidelidade na perspectiva do Senhor, e nos mostra o que Ele espera de nós como Seus servos.

A palavra "talento", usada na passagem acima, referia-se a uma unidade monetária usada na época de Jesus, que simbolizava uma grande quantidade de riquezas. A verdade é que, assim como aqueles servos receberam essas dádivas do Senhor, todos nós também recebemos coisas valiosas, como oportunidades, recursos, sonhos e os nossos talentos, dessa vez no sentido mais comum da palavra. Não importa quão pouco pareça, você recebeu coisas incríveis do seu Pai que está nos Céus.

Porém, como lemos nessa história, Deus espera uma postura específica de nós quando fala sobre os "talentos" que Ele nos confiou, e esse posicionamento se chama fidelidade. As atitudes que tivermos mediante a isso determinarão se nós seremos chamados de "servos bons e fiéis" ou de "servos negligentes", que não foram bons mordomos daquilo que receberam.

Contudo, na maioria das vezes, a fidelidade não

> **A fidelidade não é comprovada na abundância de recursos e oportunidades, e sim no pouco.**

é comprovada na abundância de recursos e oportunidades, e sim no pouco. Isso, porque quando nós demonstramos diligência e zelo com a pequena quantia que temos, multiplicando o que está em nossas mãos sem reclamar, demonstramos preparo para sermos colocados sobre riquezas ainda maiores.

O que a Bíblia quer dizer é que a fidelidade que demonstramos no pouco determina o nosso acesso ao muito que o Pai já determinou para nós. Podemos usar como exemplo o servo que recebeu apenas um talento. Muitas vezes, nós prestamos atenção apenas no fato de que ele foi o que recebeu menos entre os três servos, até mesmo tentamos justificar sua infidelidade baseados nisso. Porém, essa não é a maneira que Deus olha para essa situação.

O Senhor prefere trazer o foco para o fato de que, ainda que fosse pouco, aquele servo tinha alguma coisa e, justamente por isso, ele poderia ter multiplicado o que lhe havia sido confiado. Veja bem, a crítica que Ele faz a esse servo não está relacionada ao tanto de talentos que ele recebeu, e sim à sua atitude com relação ao pouco que tinha. Sempre podemos prezar por ter um coração fiel e, no lugar de desvalorizarmos o pouco que temos, sermos diligentes e darmos o nosso melhor para extrair o máximo que conseguirmos dos talentos que nos foram confiados.

Sendo assim, em vez de ficar pensando naquilo que falta para que você consiga alcançar seus sonhos, foque no que você tem em suas mãos hoje, e dê o seu máximo para multiplicar isso. Dessa forma, você demonstrará sua fidelidade sobre aquilo que Deus lhe deu através do princípio da multiplicação. Não importa se temos apenas um "talento" em mãos, cabe a nós utilizarmos da melhor forma para alcançarmos os sonhos de Deus e glorificarmos Seu nome.

Então, neste momento eu quero que você pense no que está nas suas mãos, mesmo que pareça pouco, e anote quais são os primeiros passos práticos que você precisa tomar para começar a exercer o princípio da multiplicação dos seus "talentos". Porém, como vimos no começo do capítulo, não vale incluir em sua lista aqueles passos teóricos e espirituais que não nos tiram da nossa zona de conforto. Coloque coisas que farão você sair do lugar e começar a dar passos reais na direção que você deseja seguir. E eu gostaria de aproveitar essa oportunidade para dizer algo importante que pode ajudá-lo a escrever esses passos: não subestime o poder de pequenas atitudes práticas.

Muitas vezes, achamos que só estamos de fato caminhando para o nosso propósito quando

> Em vez de ficar pensando naquilo que falta para que você consiga alcançar seus sonhos, foque no que você tem em suas mãos hoje, e dê o seu máximo para multiplicar isso.

fazemos coisas grandes, que todos podem ver, e que tem um impacto claramente visível na realidade que nos rodeia. Todavia, pequenas mudanças no nosso dia a dia podem nos afetar profundamente e nos direcionar a conquistas bem maiores do que imaginamos.

Tendo dito isso, vamos analisar alguns passos práticos que você pode começar a tomar ainda hoje, que, por mais que pareçam pequenos, podem levá-lo mais longe, além de preparar você para se aproximar cada vez mais de seus sonhos. A primeira delas é: arrume o seu quarto.

Pode parecer algo extremamente bobo, mas, na realidade, é um hábito simples que nos ajuda a desenvolver coisas importantes. Uma delas é o senso de conclusão, pois cada vez que nós completamos esta tarefa, somos atingidos pela sensação de dever cumprido. E como é um dever que se repete praticamente todos os dias, isso estimula nossa mente e nos faz tomarmos gosto por conceitos extremamente benéficos, como organização e produtividade.

Isso me faz lembrar de certa vez em que estava conversando com um grande amigo e, naquela ocasião, eu reclamava bastante, dizendo que minha vida estava desorganizada e minhas finanças, fora de ordem. Sentia-me bem frustrado com a realidade em que me encontrava. Porém, esse meu amigo me fez algumas perguntas muito interessantes, que mudaram minha perspectiva: "Samuel, como está o estado da sua casa?

Como está o seu quarto?". Eu lhe respondi: "Geralmente a minha casa e o meu quarto estão bem bagunçados". Então, ele me disse: "Se você não consegue organizar aquilo que vê, como é que vai colocar em ordem o que não vê? Se você se acostuma a viver em um ambiente de bagunça, isso se refletirá em todas as áreas da sua vida". Com isso, ele me aconselhou a prezar pela organização do meu lar, e, quando eu comecei a colocar isso em prática, notei incríveis mudanças na minha vida. É uma atitude prática que gera resultados grandiosos.

> **Outra coisa bastante benéfica que todos nós podemos fazer, mas que é extremamente subestimada, é poupar dinheiro.**

Embora pareça ser fácil, na verdade, não são muitas pessoas que apresentam a constância e a disciplina necessária para manter seus quartos organizados. Afinal, não é todo dia que acordamos determinados a arrumar nossas camas, ou que estamos dispostos a colocar nossas roupas sujas no cesto. O propósito para perseverarmos em nossa decisão de manter um ambiente limpo e agradável pode se provar extremamente necessário quando nos depararmos com tarefas mais complicadas, mas que lidam com os mesmos conceitos. É algo simples, mas que pode fazer uma grande diferença.

Outra coisa bastante benéfica que todos nós podemos fazer, mas que é extremamente subestimada, é poupar dinheiro. Aprender a guardar recursos financeiros é algo que a grande maioria das pessoas entende como importante, mas que poucas realmente colocam em prática. Isso, porque é um grande exercício de autocontrole e planejamento. Não é fácil dizer "não" para si mesmo quando você está morrendo de vontade de comprar um sapato novo, ou de ir em um restaurante caro, e isso desenvolve (e muito) a nossa mentalidade, nos tornando mais disciplinados e nos ensinando a valorizar o ganho a longo prazo em vez da satisfação momentânea.

Se você se comprometer, a partir de hoje, a poupar uma porcentagem dos seus ganhos e se reeducar para conseguir passar o mês gastando menos, além de acumular riqueza, você estará investindo em uma mentalidade mais forte, que consegue resistir aos próprios impulsos para alcançar objetivos ainda maiores. Dessa forma, estará se preparando para quando tiver de lidar com grandes quantias, pois você saberá como administrá-las e como tomar decisões racionais em meio à pressão.

Outra coisa prática que todos nós podemos estabelecer como parte de nossas vidas é o hábito de sempre buscarmos mais conhecimento. Isso pode ser feito de várias formas, mas as principais são a leitura, os estudos e experiências enriquecedoras.

Porém, a infeliz realidade em que vivemos é que a grande maioria das pessoas não tem uma cultura de leitura rotineira, não valoriza os estudos tanto quanto deveria e não entende o verdadeiro valor de viver algo novo e diferente. Hoje, vemos as pessoas interessadas em assistir vídeos ou se inteirar em *posts* de Instagram, e tudo bem fazer essas coisas, mas o problema está em não reconhecer a importância de investir mais tempo em atividades que podem nos capacitar e nos impulsionar para o nosso propósito.

Sendo assim, se gastarmos 30 minutos de leitura por dia, escolhendo obras que irão realmente agregar valor às nossas vidas e nos levar para mais perto dos nossos objetivos, notaremos uma diferença tremenda em nossa forma de pensar e ver o mundo. Isso vale, também, para os estudos, que podem aumentar o nosso leque de conhecimento e nos tornar pessoas mais capacitadas e preparadas para aproveitar as oportunidades que se apresentarão a nós. Meia hora de estudo por dia pode ser aquilo que vai fazer a diferença entre uma vida medíocre ou uma extraordinária.

E, é claro, precisamos sempre investir tempo e dinheiro para termos experiências diferentes,

> **Existem oportunidades que podem mudar nossos gostos, nossos conceitos e até mesmo a forma como enxergamos o mundo.**

> **Preocupe-se mais com o que você é do que com o que você tem.**

que nos tiram da rotina, enriquecem nossas mentes e ampliam nossa visão. Geralmente quando falamos disso, a maioria já pensa que eu estou falando de viagens para o exterior ou algo do tipo, mas a verdade é que essas não são as únicas situações nas quais nós podemos expandir nossa mentalidade. Podemos começar a expandir nossos horizontes com atividades bem menos custosas e distantes. Uma ida no cinema para ver um filme que não é do estilo que você geralmente assiste, uma visita a um museu ao qual você nunca foi, ou uma refeição em um restaurante de uma culinária estrangeira. Existem oportunidades que podem mudar nossos gostos, nossos conceitos e até mesmo a forma como enxergamos o mundo, ampliando nossa mente para lidarmos com situações de maior escala no futuro.

Está vendo? A fidelidade nas pequenas atitudes pode gerar resultados incríveis. Seja qual for o contexto ou sonho, todos nós podemos começar a praticar com o pouco, para que um dia sejamos colocados sobre o muito, como aconteceu com os outros dois servos daquela parábola. Tanto o que recebeu dois talentos quanto o que recebeu cinco exerceram o princípio de multiplicar o que eles tinham em suas mãos, e como resultado foram chamados de servos bons e fiéis.

Logo, encorajo você a não dar ouvidos a mentiras, como as que dizem que a sua fidelidade no pouco não

> Não espere pelas condições perfeitas para começar a dar seus passos de fé e caminhar em direção aos seus sonhos.

faz diferença, ou que você e suas atitudes são pequenos demais. Deus vê todas as coisas, e Ele está sempre atento até mesmo às pequenas, buscando o nosso coração comprometido e fiel.

E, para finalizarmos, eu gostaria de deixar um último conselho: preocupe-se mais com o que você é do que com o que você tem. O que vai determinar o seu sucesso não são seus recursos ou as oportunidades que você recebe, e sim o seu coração e o que há dentro dele. Se for dedicação e zelo pelo pouco que Deus deu a você, isso emanará para tudo o que tem, e você terá atitudes coerentes quanto a isso.

Perceba, por exemplo, José. Ele não obteve êxito pelo que possuía (até porque houve momentos em que ele não tinha praticamente nada), e sim por quem ele era. O governo e a boa gestão não eram simplesmente coisas que ele fazia, e sim parte de quem ele era. Quando ele estava na casa de Potifar, ele era apenas um escravo, mas sua identidade de governador já o destacava dentre todos os outros servos, de forma que Potifar o colocou como administrador de todos os seus bens. Porém, quando ele se tornou prisioneiro em um lugar terrível e sem

> Seja fiel àquilo que você tem hoje.

perspectiva, sua identidade se mostrou mais forte do que as circunstâncias em que ele estava. Ele poderia até estar preso, mas ele não era um preso. Ele era um governador, e caminhava em sua identidade com excelência, até mesmo no cárcere, e foi isso que abriu as portas para ele, um dia, tornar-se administrador de todo o Egito. Onde quer que ele estivesse, no pouco ou no muito, fidelidade e dedicação fluíam de seu coração, e, por causa disso, ele era abençoado em tudo o que fazia.

Sendo assim, não espere pelas condições perfeitas para começar a dar seus passos de fé e caminhar em direção aos seus sonhos. Seja fiel àquilo que você tem hoje. Pegue os limões que a vida deu a você e faça uma baita limonada. Dessa forma, você será fiel no pouco, e o muito certamente virá na sua direção.

Capítulo 8

A IMPORTÂNCIA DE CONHECER PESSOAS QUE O IMPULSIONEM

Se existe algo que pode fazer a diferença em nossa trajetória de vida, com certeza são as pessoas que escolhemos para estar ao nosso lado durante os anos. Não era à toa que nossas mães ficavam tão preocupadas quando começávamos a nos envolver com as tão famosas "más companhias", ou amavam quando nos relacionávamos com alguém que elas consideravam boas pessoas. Elas sabiam que relacionamentos têm a capacidade de ajudar a moldar o nosso futuro e até mesmo quem nós somos.

Porém, assim como por muitas vezes não dávamos ouvidos ao que nossas mães diziam, continuamos subestimando o impacto que as pessoas têm em nossa construção pessoal e na busca por nossos sonhos, sendo que, na verdade, elas podem ser a diferença entre o sucesso e o fracasso. Isso foi perfeitamente colocado em palavras pelo empreendedor e palestrante Jim

Rohn, que disse algo que será muito importante para a nossa compreensão dos conceitos deste capítulo: "Você é a média das cinco pessoas com quem passa mais tempo".[1]

> **Precisamos aprender a categorizar nossas amizades, identificando quais são benéficas em nossa jornada e quais nos impedem de ir além.**

Pode parecer algo meio drástico ou exagerado, mas, se pensarmos bem, conseguiremos comprovar isso com as nossas próprias experiências de vida. Afinal, todos nós conhecemos alguém que começou a apresentar um comportamento diferente após passar muito tempo com um grupo específico pessoas, não é verdade? Isso é fruto do poder que os relacionamentos podem exercer em nós, influenciando quem nos tornamos e para onde vamos e, quanto maior o nível de proximidade que temos com uma pessoa, maior é sua influência em nós.

Isso nos leva a ver que, se nos cercarmos de pessoas negativas, que encaram tudo de forma pessimista, ocasionará prejuízos em nós. Por outro lado, se reunirmos amizades positivas que sempre nos mostram o lado bom das coisas, colheremos bons frutos dessas influências. Baseado nos relacionamentos que temos,

---

[1] CRUZ, Vítor. **A estratégia mais importante da vida**. São Paulo: Literare Books, 2019.

podemos construir um jardim ou um túmulo para os nossos sonhos. Tudo vai depender de quem escolhemos para estar ao nosso lado. Sendo assim, precisamos aprender a categorizar nossas amizades, identificando quais são benéficas em nossa jornada e quais nos impedem de ir além.

A primeira categoria de relacionamentos que precisamos observar são as pessoas que nos atrasam. Você já passou pela experiência de estar bastante empolgado com uma nova ideia, mas depois de apresentá-la a alguém, receber uma recepção tão negativa que o desanima completamente? As pessoas pessimistas têm um "talento natural" para fazer isso. Elas gostam de dizer coisas como: "Você? Abrir um novo negócio? Nem sonhando!" ou "Aquela menina gostar de você? Até parece!". E, dessa forma, elas transferem uma parcela de negatividade e pessimismo para nós, nos deixando cada vez mais desmotivados e distantes dos sonhos de Deus.

Amizades que apresentam esse tipo de comportamento são como pesos amarrados em nossas pernas que nos impedem de voar, e criam um ambiente cansativo, no qual os problemas são enfatizados e as coisas boas, menosprezadas. Como consequência, cria-se uma atmosfera tóxica para os nossos sonhos, pois eles não conseguem os nutrientes necessários para crescerem e tornarem-se realidade. Sem uma mentalidade de fé e ousadia, será difícil ver nossos planos frutificando.

E sabe qual é a pior parte? Nós mesmos amarramos esses empecilhos em nossas pernas. Pode parecer até meio cômico, mas nenhuma de nossas amizades precisa ser forçada. Se estamos rodeados por pessoas que "pesam" o ambiente e tiram o brilho de tudo, os culpados somos nós mesmos, que escolhemos mal nossas companhias. Da mesma forma, cabe a nós identificarmos as pessoas que têm contribuído negativamente em nossas vidas e corrigirmos a nossa escolha inicial de tê-las por perto.

Sendo assim, se percebermos que estamos cercados de pessoas com essas características, devemos reconsiderar se realmente vale a pena mantermos essas amizades por perto. Afinal, de nada adianta entendermos que estamos cercados por gente que nos impedem de sonhar, e não fazer nada a respeito.

Contudo, é nesse momento que o medo costuma bater à nossa porta. Isso, porque, geralmente, nós estamos tão familiarizados com esses relacionamentos tóxicos, que não é fácil renunciá-los. E tudo bem! Reorganizar nossas amizades realmente não é uma tarefa simples. Mas é algo extremamente necessário. Precisamos enfrentar o desconforto e fazer as mudanças necessárias para alcançarmos nosso destino.

Todavia, o maior medo que nos afronta nesse momento pode vir por meio dos seguintes pensamentos: "Mas e se eu abrir mão dessas pessoas e ficar sozinho? O que farei?". Bem, nesse caso, precisamos entender alguns pontos importantes. Você já deve ter ouvido a frase "antes só, do que mal acompanhado", não é? Mas ao mesmo tempo em que compreendemos o sentido dessa frase, sentimos um medo terrível da solidão. Temos pavor de deixarmos as pessoas negativas que nos cercam e não encontrarmos alguém para substituí-las. Porém, é justamente por isso que precisamos abandonar as más amizades!

Veja bem, enquanto mantiver essa atmosfera tóxica e prejudicial a sua volta, você não libera espaço para que novas pessoas entrem. Por mais assustador que seja, precisamos limpar o ar ao nosso redor e abrir vagas em nossa vida para que outro tipo de indivíduo se achegue: as pessoas que nos impulsionam.

Essa categoria é feita por gente que é motivo de alegria e esperança para nós, pois elas trazem refrigério e ajudam a reestabelecer uma atmosfera saudável ao nosso redor. Isso, porque em vez de tentarem acabar com as nossas ideias, buscando nos desmotivar, elas enxergam o "copo meio cheio", e sempre tentarão impulsionar a completude dos nossos sonhos. Elas trarão uma nova perspectiva ou uma palavra de ânimo, de forma que vamos nos sentir amparados, não desmotivados.

> Se quisermos alcançar nossas metas, precisamos nos cercar de quem acredita nos nossos sonhos.

Além disso, as reações dessas pessoas diante do nosso sucesso são praticamente opostas às das pessoas que nos atrasam, como: "Uau! Você vai abrir um novo negócio? Que incrível! Aposto que você vai se dar muito bem. E, caso precise de alguma coisa, eu estou aqui, ok? Conte comigo!". Consegue perceber a diferença de fala entre os dois perfis? E você acha que é mais fácil sonhar e conquistar seus objetivos estando cercado por qual tipo de pessoa?

Dessa forma, se quisermos alcançar nossas metas, precisamos nos cercar de quem acredita nos nossos sonhos, que nos ama e que deseja nos ver alcançar êxito no que fizermos. Assim, seremos impulsionados para nosso destino e saberemos que estamos acompanhados de pessoas com as quais podemos contar.

Entretanto, para nos rodearmos de pessoas assim, precisamos ser intencionais. Quando nos deparamos com uma pessoa que realmente se importa conosco, é necessário cultivar essa amizade e investir tempo no relacionamento.

Digo isso porque, muitas pessoas reclamam de não terem amigos verdadeiros, ou por estarem rodeados de "amigos" que mais atrapalham do que agregam. Entretanto, relacionamentos benéficos, fortes e duradouros não acontecem do nada, mas requerem muito esforço e tempo investido. Geralmente, quando olhamos para uma amizade de longa data entre duas pessoas, vemos apenas o resultado de hoje, mas não sabemos todos os testes que já superaram e tudo que tiveram de abrir mão para que o relacionamento se fortalecesse.

Sendo assim, quando identificamos pessoas construtivas entrando em nossas vidas, devemos dar atenção especial a elas. Pode parecer estranho, mas, algumas amizades merecem mais a nossa prioridade, e isso é totalmente normal. Você não tem pessoas em sua vida que se importam mais com você do que outras? Da mesma forma, acredito que esses relacionamentos merecem mais atenção do que outros. É dessa forma que estabelecemos conexões saudáveis para a vida toda – e ter essas conexões é muito importante, pois elas podem, também, ser a diferença entre realizarmos ou sepultarmos nossos sonhos.

> **Todos nós precisamos de figuras que nos inspiram, pois ao reconhecermos que outras pessoas têm características que nós gostaríamos de carregar.**

Porém, além de relacionamentos que nos atrasam ou nos impulsionam, existe uma terceira categoria muito importante: aqueles que nos inspiram, ou, como eu gosto de chamá-los, as pessoas extraordinárias.

Mas quem são essas pessoas extraordinárias? São aqueles indivíduos que carregam alguma característica que desperta em nós grande admiração, e que nós desejaríamos implementar em nossas vidas. Quem nunca olhou para alguém que tinha facilidade na escola e quis entender qual era o seu segredo? Ou olhou para uma família saudável e quis saber como conseguiam desenvolver relacionamentos tão harmoniosos?

A verdade é que todos nós precisamos de figuras que nos inspiram, pois ao reconhecermos que outras pessoas têm características que nós gostaríamos de carregar, cultivamos um coração ensinável e humilde, que entende que nós não somos os melhores em tudo e que não temos todos os segredos. A admiração nos lembra de que nós não somos a "última bolacha do pacote" e nos mostra que temos muito a aprender.

Sendo assim, nós vamos aprender sobre algo que chamo de "modelagem", essa é a melhor forma de nos relacionar com as pessoas que nos inspiram. Modelagem é quando olhamos para uma pessoa extraordinária, identificamos qual é a característica específica que admiramos e tentamos implementá-la em nós. Esse é um conceito que eu aprendi com um grande amigo, seu nome é Pablo Marçal. Além disso, esse conceito de modelagem pode nos levar ainda mais perto dos nossos sonhos.

Para exemplificar melhor como essa ideia funciona, irei contar a história do meu relacionamento com uma das pessoas mais extraordinárias que eu já conheci na vida, o Jefferson. Tendo perdido o pai muito cedo, ele passou por muitas dificuldades, mas mesmo assim conseguiu, com determinação, estudar em uma universidade pública de ensino superior.

Embora por falta de dinheiro ele chegasse até mesmo a fazer uma única refeição por dia, hoje ele se tornou um dos maiores empreendedores do Brasil, e uma das pessoas que mais me impulsionaram na vida.

Eu o conheci quando ele foi participar do nosso projeto, Expandindo o Reino, no qual eu e minha esposa desenvolvemos para ajudar as pessoas do sertão cearense a sonhar mais alto, alcançar uma qualidade de vida melhor e conhecer o nosso Senhor. Quando o Jefferson chegou ao projeto, eu já percebi que era uma pessoa diferente, e quanto mais eu me aproximava dele, mais uma característica específica dele me saltava aos olhos: ele era um homem extremamente focado e organizado. Como eu era uma pessoa desorganizada e me distraía facilmente, deixando muitos projetos inacabados, eu decidi que eu queria aprender a ser focado como o Jefferson.

> Modelagem é quando olhamos para uma pessoa extraordinária, identificamos qual é a característica específica que admiramos e tentamos implementá-la em nós.

Então, um dia eu liguei para ele e lhe disse: "Cara, qual é o segredo para você ser tão focado? Você pode me ensinar?". Então, ele me respondeu: "Samuel, eu decidi que eu sempre farei uma coisa de cada vez, e que decidirei as atividades do meu dia antes de sair de casa. Dessa forma, eu nunca passarei para a próxima tarefa sem ter completado a primeira, porque se eu tentar fazer dez coisas de uma vez, como muitas pessoas fazem, eu não finalizarei nenhuma delas". Então, a partir daquele momento, eu coloquei aquilo em prática na minha vida, terminando os livros que eu começava a ler, as tarefas que eu iniciava e os projetos que eu colocava em execução. Aquela qualidade que o Jefferson tinha me ajudou a consertar um grande defeito em mim, e me levou para mais perto dos sonhos de Deus para a minha vida. Esse é o processo de modelagem.

Porém, algo que precisamos entender sobre a modelagem é que ela não é um modelo de cópia, e sim de aplicação. Eu não fazia tudo exatamente igual ao Jefferson, mas eu peguei a essência, o segredo por trás do foco que ele tinha, e apliquei de forma customizada à minha própria vida. Dessa forma, eu não apenas repito um comportamento, mas assimilo uma característica à minha personalidade, e é isso que faz com que minha vida seja, realmente, transformada.

A experiência que eu tive com o Jefferson é apenas uma das várias histórias de modelagem que eu tenho para contar, e cada uma delas trouxe ensinamentos que me ajudaram a melhorar áreas importantes da minha vida e me aproximar ainda mais do meu propósito.

Eu me lembro que, em determinada época, passei por problemas muito sérios de controle de gastos e gestão financeira. Ainda que ganhasse um bom salário, eu sempre perdia o controle das finanças e me encontrava sem dinheiro na conta. Porém, uma experiência de modelagem me ajudou a encontrar a resposta para esse defeito.

A pessoa extraordinária responsável por me ajudar nessa área foi o Felipe, um homem que tinha uma característica muito distinta que me chamava a atenção: apesar de ser extremamente próspero, ele nunca gastava dinheiro à toa. À medida que eu convivia com ele e observava seus hábitos financeiros, percebi que se eu entendesse o princípio por trás daquilo, isso poderia me ajudar a ser um mordomo melhor de tudo o que eu possuía.

Sendo assim, um dia eu me aproximei dele e perguntei: "Por qual motivo você, mesmo tendo uma condição financeira tão boa, vive de maneira simples, sem gastos extravagantes?". Naquele momento, ele me ensinou um conceito que mudou minha vida para sempre. Ele me respondeu: "Samuel, quando eu saio gastando meu dinheiro de forma irresponsável, eu estou dizendo que aquilo não tem valor para mim. Se os frutos do que eu faço têm, sim, valor, eu demonstro isso cuidando e gastando com sabedoria".

Sabe aquele momento em que algo que você não conseguia ver antes, magicamente se encaixa na sua mente e "explode sua cabeça"? Pois, então, aquele foi um divisor de águas na minha vida financeira, e hoje eu posso dizer que, graças a Deus, eu me tornei um bom gestor das minhas finanças, pois eu aprendi a valorizar o fruto do meu trabalho. Mais um benefício de ter pessoas extraordinárias perto de mim.

Eu poderia citar muitas outras pessoas que foram extremamente importantes na minha vida e que me ajudaram a chegar onde estou hoje, como o Renan, que me ensinou a sempre ter algo pelo que lutar, o meu "por quê", lembra? Ou o James, que me ajudou a me organizar e ter mais foco. Poderia também falar sobre o Sidney, que instigou meu empreendedorismo ao me ensinar a sempre gerar riqueza. O Jobson, que me encorajou a sempre persistir, e não me importar com as circunstâncias, ou até mesmo o Juan, que incentivou tanto os meus sonhos que me inspirou a querer fazer a mesma coisa, resultando neste livro que você está segurando agora.

Porém, existem algumas considerações muito importantes que temos de entender para chegarmos o mais longe possível, além de desenvolvermos relacionamentos benéficos e saudáveis com quem nos inspira.

> **Algo que faz toda a diferença é a necessidade de nos cercar de pessoas certas, com as quais queremos aprender.**

Nós já vimos que a modelagem só funciona quando nos relacionamos com pessoas extraordinárias, que têm algo que nós reconhecemos que não temos, mas que gostaríamos de ter. Contudo, precisamos compreender que essa prática só nos levará para mais perto dos nossos sonhos se nós formos intencionais com as pessoas e as características nas quais queremos nos modelar.

> **Você pode correr atrás das pessoas certas e se tornar alguém mais completo e preparado para realizar seus sonhos.**

Não adianta exercitarmos a modelagem para aprendermos uma habilidade incrível, mas que não faz sentido nenhum para os nossos objetivos. Veja bem: se eu tenho um sonho de ser um grande homem de negócios para expandir o Reino no mercado de trabalho, por que eu executaria um processo de modelagem com uma pessoa que é extremamente boa em cozinhar? Por mais extraordinária que ela seja, eu preciso ser mais eficaz com o meu tempo e com esse tipo de relacionamento.

Sendo assim, algo que faz toda a diferença é a necessidade de nos cercar de pessoas certas, com as quais queremos aprender. Para isso, você precisa fazer uma análise sóbria e realista de suas qualidades e defeitos, identificando quais são as áreas que você mais precisa moldar para chegar onde almeja. Dessa forma, você pode correr atrás das pessoas certas e se tornar alguém mais completo e preparado para realizar seus sonhos.

Porém, algo que pode nos atrapalhar ao tentarmos fazer isso é o nosso próprio orgulho. Digo isso porque, quando nos rodeamos de pessoas que são mais experientes, preparadas e bem-sucedidas que nós, nossas falhas tendem a se acentuar, e isso pode gerar um sentimento de inferioridade, o que é relativamente normal quando estamos na companhia de gigantes.

Todavia, não são todos que estão dispostos a passar por essa experiência. Há muitas pessoas que, em vez de se aproximarem daqueles que podem lhes ensinar algo relevante, preferem ser "o aluno mais inteligente da turma", encaixando-se em um círculo de amizades que os mantém confortáveis em uma posição de superioridade. Contudo, por mais tentador que esse sentimento seja, devemos fugir dele, pois nos deixará acomodados e nos impedirá de aprender o que precisamos para alcançar nosso propósito.

Sempre haverá alguém completamente capaz de nos ensinar algo novo, e compreender isso nos ajuda a manter um coração ensinável, que está em constante crescimento. Devemos sempre colocar o nosso orgulho de lado e buscar aprender, pois é isso que nos impulsiona para o nosso destino.

Contudo, nem todas as pessoas que se encontram nessa situação estão ali por orgulho. Muitas vezes, crescemos no lugar em que fomos colocados e, de alguma forma, alcançamos o que chamamos de "teto", o que significa que não encontramos mais perspectiva de crescimento naquele ambiente. Quando isso ocorre, precisamos buscar novos ares e novas pessoas que nos desafiem e ensinem outras coisas. Isso faz parte do processo de irmos "de glória em glória", sempre repudiando a nociva zona de conforto e buscando o novo de Deus. Porém, em qualquer um dos casos, lembre-se: toda vez que você for a pessoa mais inteligente, experiente ou próspera da mesa, você está no lugar errado.

Sendo assim, uma pergunta que pode estar se formando na sua cabeça é: "Mas Samuel, como é que eu posso me aproximar das pessoas que admiro ao ponto de me relacionar com elas"? Bem, a única maneira saudável de fazer isso é entendendo que todo relacionamento é uma via de mão dupla, na qual ambas as partes se beneficiam. Sempre que apenas um lado desfruta de uma amizade, trata-se de algo tóxico, e não é isso que estamos buscando.

A maioria das pessoas, quando se aproxima de alguém extraordinário, busca apenas receber, relacionando-se estritamente por interesse. Porém, essa não é a forma correta. Em vez de agirmos por egoísmo, devemos buscar primeiramente o relacionamento. Observe que, nos dois exemplos de modelagem que eu citei anteriormente, antes de buscar o segredo por trás do que eles faziam, eu simplesmente estava desenvolvendo uma amizade com cada um. Isso, porque o relacionamento verdadeiro é o que abre portas para que o aprendizado ocorra.

Porém, essa explicação é parcial, pois ela nos leva a outro questionamento inevitável: "Tudo bem, mas o que eu tenho para oferecer que pode fazer com que

> **Quando nos dispomos a servir pessoas que são mais experientes que nós, abrimos uma porta de relacionamento que talvez não existisse por outros caminhos.**

essa pessoa se beneficie de um relacionamento comigo"? Bem, o Inimigo dirá que você não tem nada a oferecer, porém eu estou aqui para dizer que essa é uma grande mentira!

A verdade é que todos nós temos várias particularidades que fazem de nossa companhia uma coisa única, como experiências, habilidades e perspectivas diferentes. Porém, nem sempre isso será suficiente para nos aproximar de pessoas extraordinárias. Mesmo assim, existe algo que todos nós podemos oferecer, e que, felizmente, é o caminho mais comum para nos aproximarmos das pessoas que admiramos: o serviço.

Quando nos dispomos a servir pessoas que são mais experientes que nós, abrimos uma porta de relacionamento que talvez não existisse por outros caminhos. Dessa forma, no contexto do trabalho, fornecemos benefícios de nossa ajuda e, com o tempo, conseguiremos construir um relacionamento forte o bastante para extrairmos os segredos por trás das qualidades que precisamos aprender. O serviço é o que nos possibilita aprender os segredos por trás do sucesso de gigantes.

Vejamos, por exemplo, meu amigo Pablo Marçal, responsável inclusive por me ensinar o próprio conceito de modelagem, conforme já lemos anteriormente. É uma pessoa extraordinária de quem recebi conselhos incríveis e aprendi diversas coisas, porém, eu também cumpri com a minha parte no relacionamento. Quando eu o conheci, logo percebi que ele era realmente uma pessoa diferenciada e inspiradora, mas também identifiquei uma área em que eu podia servi-lo: poderia ajudá-lo com suas mídias sociais. Eu me aproximei dele não apenas com o intuito de receber, mas também de contribuir com o que eu tinha.

Dessa forma, nós nos ajudamos. Hoje, ele seguiu meus conselhos e explodiu nas redes sociais, e eu tive acesso a várias ideias que mudaram

> O serviço é o que nos possibilita aprender os segredos por trás do sucesso de gigantes.

a minha vida, incluindo a da modelagem. Tudo isso aconteceu porque eu identifiquei como poderia servi-lo, e me dispus a correr atrás desse relacionamento. Da mesma maneira, você pode se aproximar de pessoas extraordinárias por meio de um coração humilde e uma postura de servo.

Porém, o serviço não apenas nos permite absorver a sabedoria e o conhecimento de pessoas inspiradoras. Ele nos ajuda, também, a fazermos algo ainda mais incrível, que é descobrir nosso próprio propósito. Afinal, a incerteza sobre o chamado é uma das questões mais presentes na mente de muitas pessoas, inclusive de algumas que estão lendo este livro, mas isso pode ser resolvido por meio de um coração disposto a servir.

Esse conhecimento eu aprendi com outra pessoa incrível, chamada Titus Liu, que me mostrou o poder que existe em servir a visão de outro alguém. Certa vez, ele

> Ser extraordinário não quer dizer que essas pessoas são famosas, ok?

me disse: "Se você não sabe qual é o seu propósito, sirva pessoas que têm esse senso consolidado, pois isso vai expandir a sua visão e ajudá-lo na sua busca". Eu não consigo enfatizar o quanto isso é verdade. E a melhor parte é que esse ensinamento não se aplica apenas na busca de propósito, mas também à capacidade de sonhar. Se você não sabe sonhar grande, sirva grandes sonhadores, pois assim você aprenderá com eles e, no meio do caminho, Deus o conduzirá aos seus próprios sonhos. Tudo isso pode acontecer por meio do serviço.

Porém, quando se tratam de pessoas extraordinárias, precisamos aprender uma lição que talvez seja a mais importante de todo livro: ser extraordinário não quer dizer que essas pessoas são famosas, ok? Quando nós falamos sobre esses relacionamentos, muitos já começam a considerar a tarefa impossível, pois pensam em pessoas que são conhecidas e, muitas vezes, inacessíveis. Porém, você pode encontrar pessoas extraordinárias "desconhecidas", que estão ao seu alcance.

Na verdade, esse é um dos maiores desafios de todo sonhador: descobrir indivíduos que podem levá-lo ao próximo nível dentro de seu círculo de convivência. Dessa forma, você não precisa esperar por "aquela" conexão com "aquela" pessoa específica para, então, começar a crescer. Além disso, se você tem a vontade de estar perto de pessoas famosas e conhecidas, exerça o princípio da fidelidade e extraia o melhor de quem você tem à sua disposição hoje. Assim, quando você for fiel no pouco, o Senhor o colocará sobre o muito e iniciará conexões com pessoas que você nem imaginou. Encontre os indivíduos incríveis que estão perto de você e comece a investir nesses relacionamentos de forma intencional. Isso certamente mudará sua vida de uma forma radical.

Enfim, tudo isso nos mostra o quão importantes são os relacionamentos que nós construímos ao longo de nossos dias. Porém, não basta apenas ler estas páginas e ensinamentos. Conforme falamos anteriormente, é preciso colocar as lições em prática e, assim, começarmos a valorizar nossas conexões. Existe um exemplo bíblico que nos mostra isso de forma muito clara: o de José.

José era um rapaz que investia em relacionamentos, sem importar-se com o lugar onde estava. Mesmo quando estava na prisão, ele se conectou com o padeiro e com o copeiro, a ponto de interpretar seus sonhos. Porém, o mais interessante é que, quando sua história avança, José só sai daquela triste realidade e vai parar no palácio de Faraó por conta da amizade que ele havia firmado com o copeiro quando ele ainda estava encarcerado. Se José não tivesse investido tempo e energia naquele relacionamento, talvez nunca tivesse deixado aquela condição precária, e seu propósito nunca teria sido alcançado. Os relacionamentos de José fizeram total diferença em sua vida, assim como farão na sua. Por isso, nunca menospreze o poder dos relacionamentos. Eles podem ser a diferença entre permanecermos na prisão ou governarmos no palácio.

> Um dos maiores desafios de todo sonhador é descobrir indivíduos que podem levá-lo ao próximo nível dentro de seu círculo de convivência.

Se não fossem pelas conexões que Deus colocou em minha vida, eu não estaria onde estou hoje. Na verdade, não seria quem sou hoje. Sendo assim, identifique quem são as pessoas que você precisa eliminar da sua vida, quem você precisa trazer para perto e quem são os seres extraordinários ao seu redor. Dessa forma, você dará passos gigantescos rumo à conquista dos seus sonhos, e o melhor é que não estará sozinho quando você chegar lá. Afinal, a melhor parte do sucesso é poder compartilhá-lo com os amigos que o Senhor nos deu.

Capítulo 9

POR QUE DEVEMOS SONHAR GRANDE?

Você já ouviu falar da expressão "lugar comum"? E da palavra "clichê"? Bem, as duas têm praticamente o mesmo significado: ambas se referem a uma ideia que já foi tão usada, que hoje se tornou "gasta" ou "batida". Elas podem ser utilizadas em vários contextos, mas sempre carregarão uma ideia negativa. Acredito que uma das piores coisas que pode acontecer a um conceito é ser taxado com essas palavras.

Pois bem, infelizmente, a ideia de que alguém pode "sonhar grande" tem, de certa forma, ganhado a reputação de "lugar comum". São tantas as palestras motivacionais, *slogans* de propaganda e frases feitas dizendo que podemos "ir além" ou "voar mais alto", que começamos a nos acostumar com isso. Logo, é comum que a sensação de "eu já ouvi isso antes" comece a ser gerada. Esse sentimento leva as pessoas à incredulidade quanto aos efeitos dessa ideia.

Porém, algo muito interessante acontece nesse cenário. Enquanto muitas pessoas podem alegar estarem cansadas de ouvir tais expressões, existem pouquíssimas que estão realmente sonhando mais alto e indo além dos seus horizontes. A maioria continua vivendo de forma acomodada, apesar de ouvir constantemente que existe algo a mais.

Mas, por que isso acontece? Será que o problema está na mensagem, que não é assim tão poderosa? Claro que não! A questão está na superficialidade com a qual este assunto é tratado. As pessoas não estão cansadas da ideia em si, mas da falta de profundidade e praticidade com que ela é propagada.

> Os nossos sonhos são um reflexo da nossa mente. Se nós sonhamos de forma pequena e acomodada, isso é um sinal de que nossa mentalidade está limitada.

Sendo assim, buscando ir contra essa corrente de frases feitas e slogans rasos, eu gostaria que, juntos, nos aprofundássemos no motivo pelo qual esse assunto é tão essencial. Afinal, por que devemos sonhar grande? Por que isso é tão importante?

Os nossos sonhos são um reflexo da nossa mente. Se nós sonhamos de forma pequena e acomodada, isso é um sinal de que nossa mentalidade está limitada, seja por desesperança, medo, ou qualquer outra coisa que não nos permite almejar uma realidade melhor. Contudo, se sonhamos com coisas extraordinárias e aparentemente impossíveis, isso mostra que nossa mentalidade está livre e cheia de fé. Só quem realmente acredita que a vida pode ser melhor ousa sonhar com o extraordinário.

Além disso, nossos sonhos revelam a compreensão do propósito que nos foi dado. Se acreditamos que nosso propósito é pequeno, ou até mesmo inexistente, amoldaremos nossos sonhos de acordo com essa realidade. Afinal de contas, por que nós sonharíamos com coisas incríveis se não acreditamos que fomos criados para vivê-las? Isso faz com que vivamos com pouca perspectiva, além de não termos ambição ou esperança por buscar coisas extraordinárias.

Entretanto, se acreditamos que fomos feitos para grandes coisas, sonharemos cada vez mais alto. Por exemplo, se eu não entendo o porquê de meu nascimento, ou seja, a razão da minha existência, eu me moverei não em busca de propósito, mas de sobrevivência, e assim que alguma oportunidade que me ofereça estabilidade e segurança surgir, eu a abraçarei com todas as minhas forças e me contentarei com ela, talvez para sempre. Contudo, se eu acredito que eu existo para

> **Se acreditamos que fomos feitos para grandes coisas, sonharemos cada vez mais alto.**

impactar as nações através do mundo dos negócios, eu já não me satisfaço apenas com sobrevivência, e isso leva os meus sonhos a um outro patamar. Entende? A sua compreensão do motivo de seu nascimento determina o que você almeja alcançar.

E para respondermos à pergunta deste capítulo, é necessário, primeiro, estabelecermos uma verdade: você tem um propósito, e ele é incrível! Por mais que você se encontre cercado por evidências que contrariam essa realidade, eu estou aqui para dizer que essa é a verdade sobre sua vida. O Senhor mesmo afirma isso em Sua palavra:

> "Porque sou eu que conheço os planos que tenho para vocês", diz o Senhor, "planos de fazê-los prosperar e não de lhes causar dano, planos de dar-lhes esperança e um futuro".
> (Jeremias 29.11 – NVI)

> **A sua compreensão do motivo de seu nascimento determina o que você almeja alcançar.**

Nosso Pai tem planos grandes para nós, de nos dar um futuro e esperança, e quando sonhamos grandiosamente estamos agindo de acordo com Seus pensamentos. Afinal, não tenha dúvidas: os sonhos de Deus são os maiores que podemos sonhar. Não importa o quão grande você sonhe, certamente você nunca conseguirá ultrapassar os objetivos de Deus para sua vida.

Agora, se nós estabelecemos que os nossos sonhos são um reflexo da nossa mente e do nosso senso de propósito, com o Pai isso não é diferente. Os Seus sonhos expressam o Seu caráter, pensamentos e desígnios para a humanidade e, quando entramos em parceria com eles, somos inseridos no que não apenas é o nosso propósito original, mas também no que é a resposta para a nossa pergunta.

> Os sonhos de Deus são os maiores que podemos sonhar.

Por que nós devemos sonhar grande? Ou melhor, por que devemos sonhar os sonhos de Deus? É bem simples: porque nós fomos criados para revelar a natureza do Pai ao mundo, e essa é uma das principais maneiras para fazermos isso.

Pense bem, sonhos pequenos e limitados não apontam para quem o Senhor realmente é. Ele é o Criador de todas as coisas e, além disso, é detentor de todo o poder para fazer, literalmente, o que Ele quiser. Para apresentarmos esse Deus ao mundo, precisamos que os nossos sonhos sejam compatíveis com a Sua grandeza.

Descobrindo essa realidade, nossos sonhos são colocados em perspectiva, e, assim, somos levados a questionar: "Será que os meus sonhos têm apontado para quem Deus é? Será que eu tenho, de fato, sonhado os sonhos de Deus?".

Para identificarmos o estado real dos nossos sonhos, precisamos enquadrá-los em um delicado equilíbrio que existe entre a intervenção divina e o meu próprio esforço. Posicionar nossos objetivos nessa balança é o segredo para conseguirmos revelar a natureza de Deus ao mundo da melhor forma possível.

Veja bem, se os nossos objetivos são alcançados pela força do nosso braço, sem a necessidade de nenhum tipo de intervenção sobrenatural, isso é um sinal de que eles estão muito pequenos. Afinal, um sonho que não precisa da mão de Deus, na verdade, não vem d'Ele. Quando nos posicionamos de forma que o Senhor precise intervir para realizar algum tipo de milagre, Seu poder é evidenciado e o Seu nome é glorificado.

Porém, em contrapartida, quando construímos planos nos quais Deus tem de fazer tudo, e nós ficamos apenas sentados, assistindo, esses também certamente não são sonhos de Deus. Isso, porque essa não é a maneira como o Pai trabalha conosco. Essa forma de pensar coloca o Senhor como uma espécie de "gênio da lâmpada", que existe para realizar os nossos sonhos, e não o contrário. É uma completa inversão de valores que não reflete a natureza de Deus.

> **Quando nos posicionamos de forma que o Senhor precise intervir para realizar algum tipo de milagre, Seu poder é evidenciado e o Seu nome é glorificado.**

Eu me lembro de uma história que exemplifica isso muito bem. Eu havia recebido uma promessa muito forte da parte de Deus de que Ele me levaria às nações. Eu acreditava fielmente nessa palavra, e recordo de tê-la guardado em meu coração por mais de oito anos, até o dia em que surgiu uma oportunidade para que eu fosse visitar a Nova Zelândia. Finalmente, eu veria o cumprimento da minha promessa: eu tocaria as nações!

Porém, sabia que ao chegar lá enfrentaria um grande problema, pois eu não falava inglês. Por mais que os pastores e empresários locais gostassem de mim, o obstáculo da linguagem atrapalhou muito a minha conexão com eles, sendo que eu tive de correr atrás de um intérprete para qualquer interação com aqueles homens. E eu me lembro de que, alguns dias depois, já de volta ao meu país, eu estava orando no caminho de casa quando o Espírito Santo me falou palavras duras: "Samuel, você não ama as nações".

Aquilo me deixou perplexo, e eu perguntei ao Senhor: "Como assim, Pai? Eu acabei de ir para as nações e finalmente dei um passo a favor da palavra que o Senhor me entregou". Entretanto, Ele me respondeu: "Pois é. Eu fiz a Minha parte e o levei às nações, porém você não fez a sua. Você diz que ama as nações, mas nem se preocupou em estudar o idioma mais falado ao redor do mundo, apesar de ter tido oito anos para aprender".

Logo após aquela resposta, eu fiquei muito triste, pois percebi que estava sonhando com algo que não envolvia o meu próprio esforço. Eu queria apenas colher os frutos de algo que o Senhor faria por mim, e me esqueci de fazer a minha parte para que aquele sonho se realizasse.

Sendo assim, precisamos entender que o Senhor nos chama para trabalharmos em uma espécie de parceria com Ele. Nós fazemos a nossa parte, que envolve acreditar no que Ele sonhou para cada um de nós e trabalhar muito duro para conseguirmos chegar lá, e Ele faz a d'Ele, permanecendo conosco em cada passo desse caminho, fortalecendo, confortando e cuidando de tudo aquilo que nós não conseguimos por conta própria. É uma cooperação incrível, que faz com que os sonhos do Pai ganhem vida.

> **Precisamos entender que o Senhor nos chama para trabalharmos em uma espécie de parceria com Ele.**

Além disso, outra característica dos sonhos de Deus, sobre a qual nós já falamos um pouco em outros capítulos, é o fato de que eles existem para expandir o Reino e abençoar toda a Terra, e não apenas a nós mesmos. Lembre-se: a vontade do Senhor é Se revelar a todo o mundo como o Pai bondoso e cuidadoso que Ele é, e nós somos o método que Ele escolheu para fazer isso. É por meio dos Seus sonhos em nossas vidas que Ele consegue derramar um pouco de Sua benignidade e misericórdia. Portanto, seja qual for a bênção que o Senhor deseja derramar sobre as pessoas, Ele conta conosco para O auxiliarmos nessa tarefa.

Por exemplo, se o Senhor quiser abençoar todas as famílias da Terra por meio de casamentos mais saudáveis, Ele não vai simplesmente estalar os dedos e, instantaneamente, fortalecer todos os matrimônios. Ele colocará no coração de alguém um sonho específico de ver casamentos sólidos e fundamentados em Cristo, e, através dessa pessoa, Ele abençoará as famílias. Entende?

Agora, sabe por que Ele escolheu trabalhar dessa forma? Porque quando Ele faz a Sua obra, que é perfeita, utilizando pessoas imperfeitas, o Seu nome é exaltado acima de qualquer outro. Quando o Senhor realiza maravilhas através das nossas vidas, é nítido que nós não conseguiríamos fazê-las sozinhos, e toda glória é, então, atribuída a Ele, o Único digno de recebê-la. Genial, não é?

> A vontade do Senhor é Se revelar a todo o mundo como o Pai bondoso e cuidadoso que Ele é, e nós somos o método que Ele escolheu para fazer isso.

Porém, todo esse entendimento não vale de nada se não gerar uma mudança real na nossa forma de sonhar. É necessário elevarmos drasticamente o nível dos nossos sonhos após compreendermos a expectativa do Pai de se revelar ao mundo e abençoar todas as pessoas da Terra.

Por exemplo, vamos supor que eu tenha o sonho de ser um médico para poder ajudar as pessoas. É um objetivo nobre, e não existe nada de errado em querer auxiliar alguém com a nossa profissão. Porém, quando olhamos para esse propósito com a perspectiva que acabamos de aprender, percebemos que podemos ir além e sonhar mais alto. Eu posso almejar não apenas exercer a minha profissão de médico, mas revolucionar toda a área da saúde. É um objetivo que revela a natureza do Pai, pois Ele é o Deus que cura, e esse posicionamento abençoaria muito mais pessoas do que se eu escolhesse ser "somente" um doutor. E, também, eu não conseguirei realizar esses feitos apenas na força do meu braço, mas seria necessária muita interferência sobrenatural do Senhor. Isso é sonhar grande.

> **Não há limites quando se trata dos sonhos de Deus.**

Esse é somente um exemplo! Nós podemos elevar o padrão de praticamente todos os sonhos que temos. Basta olharmos para eles de acordo com a perspectiva celestial. Se você sonha em ser um arquiteto, pode começar a almejar por algo maior, por exemplo, demonstrar a natureza criativa e excelente de Deus através do seu trabalho. Ou, se você sempre quis ser um advogado, pode desejar ir além, como manifestar a justiça de Deus de forma que abençoe o máximo de pessoas possível. Não há limites quando se trata dos sonhos de Deus.

Porém, além de abençoar as pessoas e demonstrar quem o Senhor realmente é, os sonhos do Pai para nós têm o poder de quebrar ideias e conceitos errados na cabeça de outras pessoas. Eu afirmo isso porque vi essa situação acontecendo na minha própria vida.

Desde criança, tenho ouvido que ganhar muito dinheiro era algo errado. Cresci aprendendo que aquilo era "coisa do demônio", e isso se desenvolveu dentro de mim na mentalidade de não saber lidar com o dinheiro da forma correta. Aquilo afetou minha vida de tal forma que eu não conseguia fazer boa gestão dos recursos que eram confiados a mim, e isso me levou a contrair dívidas. Porém, tudo mudou quando eu descobri os sonhos de Deus para a minha vida.

Quando eu comecei a ver todas as coisas que o Senhor queria realizar através de mim, rapidamente percebi que aquilo seria impossível se eu não tivesse acesso a muitos recursos financeiros. Então, deparei-me com um Deus que não é apenas bom, justo ou amoroso, mas também abundante e provedor. Aprendi, também, que a riqueza que Ele confia em nossas mãos serve para um propósito: expandir o Reino de Deus.

> Os sonhos do Pai para nós têm o poder de quebrar ideias e conceitos errados na cabeça de outras pessoas.

> **Ao manifestarmos a natureza de Deus, quebramos todas as dúvidas sobre Sua bondade.**

Então, daquela época em diante, esse conceito completamente errado foi quebrado em minha mente, e eu fiz as pazes com o dinheiro, colocando-o a serviço dos Céus. Comecei a gerir melhor meus recursos, deixei de ser escravo daquelas dívidas e passei a ter um estilo de vida muito mais abençoador do que antes. Pude ver o favor de Deus atuando e multiplicando riquezas nas minhas mãos, para que eu realizasse a vontade do Senhor na Terra.

Da mesma forma que aconteceu comigo, quando vivemos o que o Pai tem para nós, confrontamos muitas mentalidades contrárias aos valores do Reino. Ao manifestarmos a natureza de Deus, quebramos todas as dúvidas sobre Sua bondade. Quando buscamos a verdadeira excelência, afrontamos a ideia que associa miséria e mediocridade com espiritualidade, e assim por diante. Todo sonho de Deus ensina uma verdade sobre o Seu coração, quebrando, assim, qualquer mentira sobre Ele.

Porém, quando falamos muito sobre a ideia de Deus ter sonhos para nós, uma pergunta que geralmente surge em nossas mentes é: "Mas e os **meus** sonhos? Eu devo simplesmente desistir deles?". É um questionamento normal, mas que precisa ser abordado com atenção. Quando nós criamos essa ideia equivocada de dividir nossos planos dos planos de Deus, isso é um sinal de que ainda não compreendemos a plenitude de Seu amor e de como Ele nos criou.

Veja bem, quando o Senhor nos formou, Ele fez muito mais do que simplesmente nos dar vida. Ele colocou sonhos e anseios dentro de nós. Veja:

> Ele fez tudo apropriado a seu tempo. Também pôs no coração do homem o anseio pela eternidade; mesmo assim este não consegue compreender inteiramente o que Deus fez. (Eclesiastes 3.11 – NVI)

Pense bem: qual você acha que é a origem de seus sonhos? Seus anseios? Algumas pessoas podem argumentar que eles são baseados em nossa trajetória de vida, porém, embora isso tenha algum impacto verdadeiro, não é o fator definitivo. Nós podemos nascer no mesmo contexto que outra pessoa, termos a mesma criação e as mesmas experiências que ela, e ainda assim termos objetivos completamente diferentes. Isso, porque tem muito mais a ver com Quem nos criou, do que com qualquer outro fator externo.

> **A verdade é que nossos sonhos foram colocados dentro de nós pelo nosso Pai, e eles são elementos que apontam para o nosso destino.**

A verdade é que nossos sonhos foram colocados dentro de nós pelo nosso Pai, e eles são elementos que apontam para o nosso destino. Portanto, não precisamos abrir mão de todas as nossas vontades para alcançarmos os planos de Deus para nós.

O problema é que existem sonhos que nascem em nossos corações nos momentos em que não estamos alinhados com o Senhor. São frutos da nossa vontade humana e, dessa forma, não apontam para o nosso destino divino. Sendo assim, quando isso acontece, nós temos, sim, uma escolha a fazer: trilhar o caminho que nós imaginamos quando estávamos desalinhados com a vontade do Pai, ou escolher os Seus caminhos, que são muito mais altos que os nossos e nos levam ao nosso propósito original.

> Se seus sonhos não apresentam essa natureza abençoadora, e sim uma característica humanista, renuncie isso e abrace os planos do Pai para sua vida.

Mas como saber a diferença? Basta olharmos para nossos próprios objetivos com uma perspectiva celestial. Como já vimos, os sonhos de Deus não visam apenas satisfazer nossos anseios ou construir algo para nós mesmos, mas sim abençoar as nações, nos levando a sermos um reflexo da vontade do Criador aqui na Terra. Se seus sonhos não apresentam essa natureza abençoadora, e sim uma característica humanista, renuncie isso e abrace os planos do Pai para sua vida. Eles sempre serão muito mais recompensadores que os nossos caminhos.

Tendo isso em mente, algo que pode nos ajudar a elevar o patamar dos nossos objetivos é prestarmos atenção à realidade que nos cerca. A sociedade de hoje enfrenta vários problemas, como a pobreza sistêmica, doenças sem cura, violência, corrupção, relativismo, entre outros. São diversas questões que precisam de uma solução, e não se engane: é da vontade de Deus que essas questões sejam solucionadas. O próprio Jesus, ao nos ensinar a orar, disse a seguinte frase: "Venha a nós o Teu reino". Pois bem, no reino de Deus existe algum dos problemas citados acima? De forma alguma! E quando buscamos a manifestação do reino dos Céus, buscamos a erradicação de tudo aquilo que vai contra a realidade celestial.

Dessa forma, qual é o nosso papel nisso tudo? É identificar com qual desses problemas nosso coração mais queima para achar uma solução. Qual é a causa que arde em nosso peito? O que faz o nosso coração bater mais forte? Quando encontramos essas respostas, damos o primeiro passo para descobrir mais sobre os planos de Deus para nós e nosso destino n'Ele. Assim, nós podemos sonhar com soluções incríveis e trabalhar duro para torná-las realidade, ajudando a manifestar a natureza do reino de Deus aqui.

Imagine o tamanho do impacto se cada um de nós ousasse sonhar com a solução para os maiores problemas da nossa sociedade, e fazer o máximo que pudéssemos para tornar esses sonhos realidade? Nós iríamos sacudir o mundo de tal forma que, literalmente, faríamos história! Além disso, tornaríamos da Terra um lugar cada vez mais parecido com o Céu, e revelaríamos a verdadeira natureza do Pai para todo o mundo.

Entretanto, existe uma diferença enorme entre aumentarmos nossos planos para buscarmos resolver os problemas do mundo e amoldarmos nossos sonhos para resolver os nossos próprios problemas. Sabe, chega uma hora em que você precisa se perguntar: "Será que, na verdade, em vez de sonhar, eu não estou apenas reagindo aos problemas da minha vida?", "Será que o meu sonho de ser próspero, na verdade, é uma reação ao meu medo de que algo possa faltar?" ou "Será que o meu objetivo de ser uma pessoa influente não existe para que eu consiga fazer a diferença no mundo, e sim para esconder minhas inseguranças atrás de uma reputação social?".

Seja como for, é importante nos lembrarmos de que nós não devemos ser o fim dos nossos planos. Nesse momento, anote os seus cinco principais sonhos em algum lugar e analise-os para checar se eles realmente têm o potencial de transformar outras vidas, ou se são apenas tentativas egoístas de resolver suas próprias questões. Dessa forma, você conseguirá identificar os sonhos que precisam apenas de uma perspectiva do Céu para alcançarem seu potencial pleno, e os que, na verdade, não são sonhos, e sim apenas tentativas de lidarmos com nossos problemas pessoais.

Sendo assim, baseados no que aprendemos até agora, como nós podemos identificar se estamos no caminho certo? Como saber se estamos sonhando grande o suficiente ou não? Eu aprendi a resposta para essa pergunta em uma conversa que tive com Deus, em um dia qualquer. Eu estava frustrado e me questionando sobre a grandeza dos meus objetivos sem saber se estava no caminho certo, quando de repente eu senti o Senhor me dizer algo: "Samuel, você se lembra de como era a sua vida cinco anos atrás?". Eu comecei a me lembrar do quanto eu havia avançado na direção do meu propósito durante aquele período, e de tudo que o Senhor havia feito em minha vida. Fui tomado por um imenso senso de gratidão diante de tudo o que Deus havia realizado em mim por todo aquele tempo.

> É importante nos lembrarmos de que nós não devemos ser o fim dos nossos planos.

Então, o Pai me perguntou: "Se, há cinco anos, alguém lhe contasse tudo o que você está vivendo hoje, o que você diria?". Eu rapidamente respondi: "Eu diria que seria impossível". Então, o Senhor me disse:

"Exatamente! Você está no caminho certo, pois Eu o chamei para viver sonhos impossíveis". Naquele dia, eu aprendi que a chave para descobrirmos se estamos no caminho certo e sonhando alto é, justamente, olhar para trás.

Sempre que você quiser saber se está sonhando com ousadia e audácia corretas, faça o "exercício dos cinco anos". Aliás, comece fazendo-o agora mesmo. Olhe para os seus últimos cinco anos e veja o quanto avançou. Caso você considere o seu progresso algo natural e perfeitamente alcançável através dos seus próprios esforços, você pode sonhar mais alto, pois ainda não entrou no território do impossível. Porém, caso perceba que você não estaria onde está hoje se não fosse pelo agir sobrenatural de Deus, isso é um bom sinal. Significa que você está trilhando a estrada dos milagres, e é ela que nos leva aos sonhos de Deus.

E para pavimentarmos essas ideias na nossa mente, podemos olhar para a seguinte história de um dos maiores homens de toda a Bíblia, o discípulo Pedro. Observe isso:

> Logo em seguida, Jesus insistiu com os discípulos para que entrassem no barco e fossem adiante dele para o outro lado, enquanto ele despedia a multidão. Tendo despedido a multidão, subiu sozinho a um monte para orar. Ao anoitecer, ele estava ali sozinho, mas o barco já estava a considerável distância da terra, fustigado pelas ondas, porque o vento

soprava contra ele. Alta madrugada, Jesus dirigiu-se a eles, andando sobre o mar. Quando o viram andando sobre o mar, ficaram aterrorizados e disseram: "É um fantasma!". E gritaram de medo. Mas Jesus imediatamente lhes disse: "Coragem! Sou eu. Não tenham medo!". "Senhor", disse Pedro, "se és tu, manda-me ir ao teu encontro por sobre as águas". "Venha", respondeu ele. Então Pedro saiu do barco, andou sobre a água e foi na direção de Jesus. Mas, quando reparou no vento, ficou com medo e, começando a afundar, gritou: "Senhor, salva-me!". Imediatamente Jesus estendeu a mão e o segurou. E disse: "Homem de pequena fé, porque você duvidou?". Quando entraram no barco, o vento cessou. Então os que estavam no barco o adoraram, dizendo: "Verdadeiramente tu és o Filho de Deus". (Mateus 14.22-33)

Pedro nunca experimentaria o mover sobrenatural de ter andado sobre as águas se ele tivesse permanecido no barco. Enquanto todos amoldaram suas experiências aos seus medos, ele decidiu se colocar na posição de dependência do sobrenatural de Deus, e, ao fazer isso, abriu espaço para viver aquilo que ninguém mais viveu e, literalmente, fez história com Jesus. Embora muitos se atentem à parte em que Pedro afundou e foi resgatado por Jesus, eu prefiro focar no fato

Hoje nós temos a oportunidade de realinharmos nossos planos com a perspectiva divina.

de que ele, literalmente, caminhou sobre as águas. E se Pedro pode viver algo incrível com o Senhor, eu e você também podemos!

Hoje nós temos a oportunidade de realinharmos nossos planos com a perspectiva divina, ousando sonhar com pessoas sendo abençoadas, o nome do Senhor sendo engrandecido e o Seu reino sendo expandido. E é nessa cooperação que encontramos propósito e esperança para o futuro, não apenas para as nossas vidas, mas para milhares de indivíduos. Chegou a hora de sairmos do barco e sonharmos de verdade!

> **Chegou a hora de sairmos do barco e sonharmos de verdade!**

Capítulo 10

COMO VOCÊ ENXERGA O MUNDO?

Pode parecer um título meio clichê, ou uma pergunta feita em palestras motivacionais, mas a verdade é que a resposta a esse questionamento é uma das coisas mais importantes que podemos descobrir sobre nós mesmos. Isso, porque a nossa perspectiva sobre o mundo diz muito sobre quem realmente somos e para onde vamos.

Além disso, por mais que já tenhamos ouvido essa pergunta um milhão de vezes, respondê-la não é a mais simples das tarefas. Na verdade, para entendermos nossa visão de mundo, precisamos analisar alguns aspectos de nossas vidas e atitudes. Somente dessa maneira podemos entender não apenas como vemos nossa existência, mas também a razão por trás dela.

Mas, afinal, qual é a sua forma de ver o mundo? Você é aquela pessoa que está sempre enxergando defeitos em tudo que está à sua frente? Você tem facilidade em ver o que precisa ser melhorado, mas não consegue chamar a atenção para o que já está bom? Ou você é uma pessoa que sempre enxerga o lado bom das coisas?

> **Nossa perspectiva sobre o mundo diz muito sobre quem realmente somos e para onde vamos.**

Todos nós pendemos para um desses lados. Alguns mais, outros menos. Porém, muitas pessoas passam a vida toda sem perceber o impacto gigantesco que isso tem em suas vidas, seja ele positivo ou negativo. Sendo assim, enquanto mergulhamos um pouco mais fundo no assunto, eu gostaria de desafiá-lo a olhar para si mesmo, identificando em quais aspectos você tem ido bem, e em quais você precisa mudar de perspectiva.

Logo, baseados nas perguntas que fiz anteriormente, existem duas formas predominantes de ver o mundo. A primeira delas é através do prisma do pessimismo, ou da negatividade. As pessoas que se enquadram nesse ponto de vista enxergam predominantemente os defeitos e as falhas em qualquer coisa ou situação. Parece que nunca estão satisfeitas com nada menos do que a perfeição, e aplicam isso na maioria das áreas de suas vidas.

Um bom exemplo disso na cultura brasileira está na figura do automobilista Rubens Barrichello. Apesar de ser um dos pilotos que mais correu na história da Fórmula 1, construindo uma jornada de sucesso em um esporte extremamente competitivo, ele é constantemente lembrado por todos como "o atrasado", rendendo até vários memes nas redes sociais. Isso é apenas um dos incontáveis exemplos que nos mostram a forma negativa de ver o mundo.

Além disso, pessoas assim tendem a não apenas enxergar o pior, mas também a esperar por ele. Elas acabam desenvolvendo uma mentalidade de sempre presumir que as coisas, de alguma forma, darão errado, e também se empenham em mostrar isso para aqueles à sua volta. Elas acreditam que, agindo assim, estão protegendo aqueles a quem amam da decepção e da tragédia. Porém, na maioria das vezes, o que realmente estão fazendo é propagar desesperança, desencorajar outras pessoas e tirar o brilho de suas vidas. Você se lembra de como, alguns capítulos atrás, falamos um pouco sobre as pessoas que nos atrasam? Na maioria das vezes, elas enxergam o mundo dessa forma.

Contudo, precisamos entender que, frequentemente, o pessimista não faz todas essas coisas de forma consciente. Não é por má intenção, entende? Ele apenas não percebe as reais consequências da sua visão de mundo. Em grande parte das situações, esse pensamento é natural e automático para essa pessoa, que provavelmente desenvolveu isso ao longo de muitos anos, e não entende os prejuízos de ser negativa.

Além disso, uma pessoa pessimista raramente irá identificar esse fato sobre si. Geralmente, ao ser acusada disso, ela se defenderá, dizendo que, na verdade, não é pessimista, e sim realista. Para ela, ser otimista é estar alienado da "real" natureza da vida, e conseguir enxergar as falhas e prever o fracasso são sinais de sobriedade e de "ter os pés no chão".

Por outro lado, temos os otimistas, que enxergam a vida de um ponto de vista bem mais positivo. Ao contrário dos pessimistas, essas pessoas tendem a ver o lado bom de tudo. Preferem enxergar as qualidades às falhas, os acertos aos erros, e sempre esperam o melhor de todas as situações, não importa quão feias as coisas estejam.

> Nós sempre devemos buscar ter uma perspectiva otimista sobre a vida, e não pessimista (por mais que você insista muito que você, na verdade, é realista).

Sendo assim, esses indivíduos são conhecidos por sempre acreditarem que seus planos darão certo, até o último segundo. Eles carregam uma atmosfera muito forte de fé e esperança, e conseguem transbordar isso por todos os lugares por onde passam. Muitas vezes, quando temos dificuldade para encontrar uma perspectiva positiva, o que nós precisamos é de uma pessoa como essa para nos ajudar.

Porém, os otimistas também são constantemente criticados (sobretudo por quem é pessimista) por serem alienados da realidade. Muitos consideram que essa postura positiva perante tudo indica uma falta de percepção da realidade, que muitas vezes não é nada otimista. Dessa forma, as pessoas que carregam essa atitude geralmente são taxadas de tolas, irresponsáveis, ou são acusadas de viver em um mundo de fantasia.

Mas, em meio a tudo isso, precisamos nos perguntar: existe uma visão de mundo correta? Essa pergunta geralmente aparece porque, na verdade, todos nós sempre julgamos que nossa visão de mundo é a certa. Será que essa não é uma daquelas questões de opinião em que "cada um tem a sua"? Isso não é suficiente? Bem, por mais que seja cômodo olharmos dessa maneira, isso não é verdade, pois existe, sim, uma visão de mundo certa e uma errada. Fato é que nós sempre devemos buscar ter uma perspectiva otimista sobre a vida, e não pessimista (por mais que você insista muito que você, na verdade, é realista).

Entretanto, precisamos nos aprofundar nisso para entendermos o porquê dessa resposta. Por que essa é a visão correta? Isso é simples: porque é a visão de mundo de Deus, e nós podemos ver isso de forma muito clara na seguinte história bíblica:

> Veio sobre mim a mão do SENHOR, e ele me fez sair no Espírito do SENHOR, e me pôs no meio de um vale que estava cheio de ossos. E me fez passar em volta deles; e eis que eram mui numerosos sobre a face do vale, e eis que estavam sequíssimos. E me disse: Filho do homem, porventura viverão estes ossos? E eu disse: Senhor DEUS, tu o sabes. Então me disse: Profetiza sobre estes ossos, e dize-lhes: Ossos

secos, ouvi a palavra do Senhor. Assim diz o Senhor DEUS a estes ossos: Eis que farei entrar em vós o espírito, e vivereis. E porei nervos sobre vós e farei crescer carne sobre vós, e sobre vós estenderei pele, e porei em vós o espírito, e vivereis, e sabereis que eu sou o Senhor. Então profetizei como se me deu ordem. E houve um ruído, enquanto eu profetizava; e eis que se fez um rebuliço, e os ossos se achegaram, cada osso ao seu osso. E olhei, e eis que vieram nervos sobre eles, e cresceu a carne, e estendeu-se a pele sobre eles por cima; mas não havia neles espírito. E ele me disse: Profetiza ao espírito, profetiza, ó filho do homem, e dize ao espírito: Assim diz o Senhor DEUS: Vem dos quatro ventos, ó espírito, e assopra sobre estes mortos, para que vivam. E profetizei como ele me deu ordem; então o espírito entrou neles, e viveram, e se puseram em pé, um exército grande em extremo. Então me disse: Filho do homem, estes ossos são toda a casa de Israel. Eis que dizem: Os nossos ossos se secaram, e pereceu a nossa esperança; nós mesmos estamos cortados. Portanto profetiza, e dize-lhes: Assim diz o Senhor DEUS: Eis que eu abrirei os vossos sepulcros, e vos farei subir das vossas sepulturas, ó povo meu, e vos trarei à terra de Israel. E sabereis que eu sou o Senhor, quando eu abrir os vossos sepulcros, e vos fizer subir das vossas sepulturas, ó povo meu. E porei em vós o meu Espírito, e vivereis, e vos porei na vossa terra; e sabereis que eu, o SENHOR, disse isto, e o fiz, diz o SENHOR. (Ezequiel 37.1-14)

Nesse texto, nós vemos muito mais do que algo extraordinário acontecendo diante dos olhos de

Ezequiel. Nós vemos um confronto entre uma perspectiva que reconhece a morte e uma que declara a vida. O profeta estava diante de uma realidade adversa, e ele mesmo reconhece o estado daqueles ossos: estavam muito secos. Ou seja, havia pouca probabilidade de que houvesse vida ali. Porém, Deus o instrui a, em vez de simplesmente reconhecer a triste realidade que estava bem na sua frente, declarar vida sobre aquele vale, por mais improvável que aquilo pudesse parecer.

> Não importa quão negativa a realidade aparente ser, quando estamos com o Senhor, sempre devemos ter esperança de que algo incrível pode acontecer e transformar aquilo tudo para o bem.

Nesses momentos, o que Deus está nos dizendo é que não importa quão negativa a realidade aparente ser, quando estamos com o Senhor, sempre devemos ter esperança de que algo incrível pode acontecer e transformar aquilo tudo para o bem. Deus sempre olha para as situações de forma positiva, pois sabe que, para Ele, não existe situação adversa que não possa ser revertida. Não existe câncer que não possa ser curado, nem dívida que não possa ser quitada. Para Deus, o jogo não acaba até o apito final, e Ele é o juiz.

Além disso, quando o Senhor termina de mostrar aquela situação inacreditável para Ezequiel, Ele diz que aquele acontecimento simbolizava uma mudança de visão que precisava ocorrer sobre o povo de Israel. Enquanto eles estavam focados nas coisas negativas que haviam acontecido, Deus estava convocando a todos à mudança de perspectiva, pois Ele lhes traria vida mais uma vez. Resumindo, a natureza de Deus é otimista, e, como Seus filhos, nós também devemos ser!

Mas, então, por que nossa visão de mundo é tão importante para os nossos sonhos? Porque a sua perspectiva define tudo na vida, e isso inclui a maneira como você persegue seus objetivos.

Veja bem, todos nós enfrentaremos circunstâncias adversas no caminho para os nossos sonhos, e tudo bem, pois isso faz parte do processo. O problema é que a nossa visão de mundo interfere na maneira como nós nos enxergamos em meio a isso tudo, e também define nossa forma de reagir quando estamos diante de uma situação complicada.

Uma pessoa pessimista tende a ressaltar os problemas que estão entre ela e seus sonhos, e de tanto pensar e manter seu foco naquilo, esse pessimismo começa a gerar desesperança e desânimo. É mais ou menos assim: "Por que é que eu vou tentar realizar os meus planos? Afinal, tudo vai dar errado mesmo!".

> **A sua perspectiva define tudo na vida, e isso inclui a maneira como você persegue seus objetivos.**

Entretanto, essa ideia lentamente começa a evoluir dentro da mente do pessimista, e, em vez de procurar soluções para os problemas que estão à frente, ele começa a encontrar desculpas para justificar sua postura de desistência. Nasce, então, um complexo de vítima, que diz que ele não alcança seus sonhos por conta das injustiças em sua vida, sejam elas culpa da sociedade em geral ou das pessoas mais próximas de si. Contanto que a culpa não seja dele, e sim da vida, que aparentemente o devia alguma coisa.

Além disso, como consequência, quando o pessimista se depara com outra pessoa que está correndo atrás de seus sonhos, a sua visão de mundo irá, mais uma vez, se intensificar. Ele desenvolve a tendência a ter uma postura crítica, que busca difamar o sucesso dos outros para justificar a sua inércia. Qualquer probleminha que ele consiga encontrar em uma pessoa, ou organização, será apontado sem demora.

Inclusive, ele até se sente "bem" quando as coisas acabam dando errado para os outros. Isso, porque além de mostrar para todo mundo que ele estava "certo" em suas desculpas e críticas, ele é tomado por uma certa sensação de alívio, pois quanto menos pessoas obtiverem êxito em seus planos, mais desculpas ele terá para não realizar os dele.

Porém, vale ressaltar novamente que, na grande maioria dos casos, isso é algo inconsciente. O pessimista não consegue mensurar o dano que a sua visão de mundo pode causar, também não é capaz de identificar os padrões de comportamento que isso pode gerar em sua vida.

Eu me lembro que pude presenciar um grande exemplo dessa conduta há alguns anos, quando vi circulando pela *internet* uma notícia sobre uma temporada de enchentes que estavam ocorrendo em São Paulo. Em um dia específico, um estacionamento foi completamente alagado, e dentro dele estava uma Lamborghini muito cara. Obviamente aquele carro foi quase inteiramente submerso pela água, e o dono teve de arcar com o prejuízo.

Porém, o mais interessante não foi a notícia em si, e sim as reações nos comentários. Havia muitas pessoas comemorando o fato de que aquele carro havia sido submerso, pois ele claramente pertencia a uma pessoa com uma condição financeira muito boa, e "Essas pessoas têm que pagar caro mesmo", "Coisa boa é ver rico se dando mal" ou "Bem feito".

Por quê? Por acaso, tornar-se uma pessoa bem-sucedida na vida é algo errado? Ter uma condição financeira confortável se tornou algum tipo de crime? Claro que não! Além disso, nós nem sabemos como é a vida do dono daquele carro. Não sabemos se ele é, na verdade, um humanitário que faz doações para grandes organizações de caridade, vivendo um estilo de vida de generosidade, ou se ele teve de trabalhar muito duro para chegar onde chegou.

Aqueles comentários expuseram uma mentalidade negativa que se resume em criticar aqueles que têm coisas que nós gostaríamos de ter. Mas, então, por que não temos? "Ah, porque a vida é injusta, e as desigualdades que ela trouxe me impossibilitaram de alcançar esse sonho. Tudo sempre dá errado, e se eu tentar superar esses obstáculos em meu caminho, certamente fracassarei". Consegue entender como a sua visão de mundo pode interferir nos seus sonhos?

Já o otimista tem a tendência de sempre buscar vencer os seus obstáculos. Ele acredita que é possível superar barreiras – por mais injustas e assustadoras que elas sejam – e alcançar os sonhos em sua vida. Em vez de esperar que as coisas deem errado, ele faz o contrário e aposta suas fichas na probabilidade de que tudo dará certo, por mais improvável que isso possa parecer.

Além o mais, quando se depara com uma dificuldade, ele não gasta tanto tempo focado na circunstância. Sim, o otimista reconhece o problema. Afinal, como dissemos anteriormente, ser alguém positivo não significa estar alienado da realidade, e, sim, preferir gastar suas energias focando em encontrar possíveis soluções. Ao contrário da pessoa pessimista, o otimista não enxerga as barreiras como "pontos finais" em sua vida, mas, sim, como "vírgulas", que fazem parte da construção da história. São apenas coisas a serem superadas para que ele alcance seus objetivos.

Seguindo a mesma linha de raciocínio, em vez de mergulhar no vitimismo e criticar os defeitos presentes nos outros para se sentir melhor, a pessoa otimista desenvolve uma mentalidade batalhadora. Ao invés de cobrar algo que supostamente a vida deveria ter lhe dado, ela prefere tomar aquilo que já tem e fazer o melhor que puder para realizar seus planos. E, sem apontar o dedo, torcendo para as coisas darem errado na vida dos outros, ela busca encorajá-los, mostrando que tudo pode ser melhor se nós fizermos a nossa parte e contarmos com Deus para fazer a d'Ele. Dessa forma, estamos levando esperança para as pessoas, ainda que elas estejam no meio do caos.

Nós vemos isso na vida de Jesus, em um dos Seus milagres mais incríveis, em minha opinião:

> E, passando Jesus outra vez num barco para o outro lado, ajuntou-se a ele uma grande multidão; e ele estava junto do mar. E eis que chegou um dos principais da sinagoga, por nome Jairo, e, vendo-o, prostrou-se aos seus pés, e rogava-lhe muito, dizendo: Minha filha está à morte; rogo-te que venhas e lhe imponhas as mãos, para que sare, e viva. E foi com ele, e seguia-o uma grande multidão, que o apertava. [...] Estando ele ainda falando, chegaram alguns do principal da sinagoga, a quem disseram: A tua filha está morta; para que enfadas mais o Mestre? E Jesus, tendo ouvido estas palavras, disse ao principal da sinagoga: Não temas, crê somente. E não permitiu que alguém o seguisse, a não ser Pedro, Tiago, e João, irmão de Tiago. E, tendo chegado à casa do principal da sinagoga, viu o alvoroço, e os que choravam muito e pranteavam. E, entrando, disse-lhes: Por que vos alvoroçais

e chorais? A menina não está morta, mas dorme. E riam-se dele; porém ele, tendo-os feito sair, tomou consigo o pai e a mãe da menina, e os que com ele estavam, e entrou onde a menina estava deitada. E, tomando a mão da menina, disse-lhe: Talita cumi; que, traduzido, é: Menina, a ti te digo, levanta-te. E logo a menina se levantou, e andava, pois já tinha doze anos; e assombraram-se com grande espanto. E mandou-lhes expressamente que ninguém o soubesse; e disse que lhe dessem de comer. (Marcos 5.21-43)

Nessa história, vemos que Jesus se encontrava em uma situação bem caótica e adversa. Ele estava acompanhando Jairo até sua casa para curar sua filha, que estava muito doente, o que já era uma circunstância bem desencorajadora. Então, no meio do caminho, eles recebem a notícia de que a menina havia falecido. Para muitos de nós, isso significaria o fim da linha, não é verdade? Mas Jesus protege a esperança no coração de Jairo, ignorando toda a negatividade que o cercava naquele momento.

Logo em seguida, Jesus chegou à casa de Jairo e viu que todos já haviam aceitado o pior, e que não existia mais esperança alguma no coração daquela família. Prova disso é o que acontece quando Cristo diz que a menina não estava morta: eles riem da cara d'Ele. O Mestre então pede que todos saiam, tirando os pais da criança de todo aquele pessimismo que tomara o ambiente. E é em um contexto de fé, esperança e otimismo que Ele opera o milagre.

Como você teria reagido nessa situação? Seria capaz de tranquilizar a família e assegurar que algo bom ainda podia acontecer em meio àquele caos? Ou se renderia à situação adversa do momento e se uniria ao coral de desesperança de todos?

> A pessoa com uma visão de mundo otimista é capaz de olhar além das falhas e enxergar o ouro que existe dentro de cada indivíduo.

O resultado daquela situação foi algo sobrenatural, mas só aconteceu porque Jesus escolheu ver as circunstâncias com os olhos do Pai, que sempre olha de maneira positiva e esperançosa para situações, problemas e pessoas.

Aliás, essa é outra área na qual a nossa visão de mundo faz total diferença: a forma como nós olhamos para outras pessoas. Quem tem uma visão negativa do mundo sempre irá focar nos defeitos das pessoas, ignorando suas qualidades e seus acertos. Vemos isso constantemente em nossas próprias vidas, não é verdade? Quem nunca se sentiu desvalorizado por alguém que não enxergava nada de bom que você fazia, mas focava em cada erro cometido? Pois bem, essa é a sensação que a constante busca por perfeição de alguém com uma visão de mundo negativa gera.

Também vemos isso muito nitidamente hoje em dia nas mídias sociais, e não somente com pessoas físicas. Pegue, por exemplo, a Igreja. Como instituição, ela está sempre investindo em restauração de vidas, projetos de caridade, ensino bíblico, estruturação de famílias, e tudo isso carregando uma mensagem de amor e esperança. A Igreja é realmente incrível, não é mesmo? Porém, é uma das instituições mais criticadas atualmente. É óbvio que, por ser composta de seres humanos, haverá erros ao longo do caminho, mas eles não deveriam ofuscar todo o bem que a Igreja do Senhor tem feito por séculos neste mundo. Mas quando nós temos uma visão de mundo negativa, é assim que olhamos para a Noiva de Cristo e para os outros.

Porém, a pessoa com uma visão de mundo otimista é capaz de olhar além das falhas e enxergar o ouro que existe dentro de cada indivíduo. Ela não está alheia aos erros que os outros cometem, ou às falhas que carregam, mas prefere celebrar seus acertos e focar no que existe de bom. Dessa forma, conseguimos chegar próximos ao olhar do nosso Pai, que sempre nos enxerga com misericórdia e amor, vendo além do nosso estado atual e observando tudo o que podemos nos tornar.

Inclusive, existe um grande exemplo disso na

> **A diferença está justamente na forma como olhamos para tudo ao nosso redor. Somente assim conseguiremos acreditar nas pessoas e enxergar o que elas têm de mais precioso.**

vida de Jesus e em sua interação com Pedro. A maioria de nós, ao analisar Pedro, veria uma pessoa impulsiva, inconstante e errática. Definitivamente não o recomendaríamos para o ministério. Mas Jesus viu além dessas coisas. Ele viu um homem apaixonado, intenso e ousado, capaz de se tornar uma peça fundamental para a expansão do Reino de Deus na Terra. Ele enxergou o que havia de melhor, enquanto nós, muitas vezes, focamos no pior. A diferença está justamente na forma como olhamos para tudo ao nosso redor. Somente assim conseguiremos acreditar nas pessoas e enxergar o que elas têm de mais precioso.

> Se hoje eu sou uma pessoa que ama incentivar sonhos, é porque um dia o Senhor incentivou os meus, mesmo após ver a minha pior versão.

Afinal, assim como Pedro, todos nós temos defeitos e falhamos. Eu me lembro bem de quando era uma pessoa completamente diferente do que sou hoje. Apesar de ter nascido em um lar cristão, em um determinado momento da minha vida, eu me afastei de Jesus e me envolvi com o pecado. Eu levava uma vida completamente fora do padrão de Deus. Porém, um dia, tudo isso mudou. Eu tive um encontro com Cristo e O aceitei como meu Senhor e Salvador. Foi a melhor decisão que eu já tomei em minha vida.

Contudo, quando eu comecei ir à igreja, muitas pessoas não acreditavam em mim. Elas não conseguiam ver o que Deus estava fazendo na minha vida, e me rotulavam pelas falhas passadas e defeitos que ainda estavam sendo tratados pelo Senhor, dizendo coisas como: "Ah, logo, logo o Samuel volta para aquela vida". Eu me lembro de como aquelas palavras me machucavam e me traziam condenação.

Porém, sabe quem não olhou para mim dessa forma? Jesus! Ele sempre me viu por um ponto de vista otimista, que acreditava no melhor que havia dentro de mim. Na verdade, Ele acreditou tanto em mim, que entregou a Sua própria vida para me salvar. E se hoje eu sou uma pessoa que ama incentivar sonhos, é porque um dia o Senhor incentivou os meus, mesmo após ver a minha pior versão.

Eu sei que muitas pessoas podem pensar que, ao apontar o dedo para os seus defeitos, elas estão ajudando você a identificar o que precisa mudar na sua vida. Essa é uma clássica justificativa usada por seres negativos. Porém, não é a maneira de Cristo, pois quando a mulher adúltera foi acusada diante d'Ele (cf. João 8.1-11), o Senhor não a condenou, mas amou-a e perdoou seus pecados.

> A verdade é que o caminho para nossos sonhos é trilhado com positividade e esperança.

Esse é o poder de uma visão de mundo otimista. Você começa a olhar para as situações da forma correta, não apenas reclamando dos problemas, mas buscando soluções. Sem apontar os erros dos outros, mas acreditando no potencial das pessoas e ajudando-as a enxergar isso sobre elas mesmas.

> Se enxergarmos o que a vida tem de melhor, não existirão limites para o que Deus fará em nós.

Geralmente, nós não conseguimos ver as melhores partes da vida quando estamos focados apenas no que há de negativo nela, mas a verdade é que o caminho para nossos sonhos é trilhado com positividade e esperança. Somente dessa forma podemos encontrar as soluções que o mundo precisa, e abençoar a vida das pessoas ao nosso redor.

Tudo depende dos nossos olhos (cf. Mateus 6.22-23). Se eles procuram apenas o que a vida tem de negativo, nós vamos vê-la passar diante de nós enquanto reclamamos e apontamos o nosso dedo para os outros. Contudo, se buscarmos enxergar o que a vida tem de melhor, não existirão limites para o que Deus fará nas nossas vidas, e isso traz os nossos sonhos cada vez mais ao nosso alcance.

E aí, como você enxerga o mundo?

CONCLUSÃO

Bem, se você chegou até aqui, isso significa que estamos concluindo nossa jornada rumo aos sonhos mais incríveis da sua vida. Aprendemos coisas fantásticas sobre sonhar sem limites, mas, entre tudo o que foi dito, com certeza, o mais importante é que os melhores sonhos são os sonhos de Deus. Afinal de contas, é Ele que faz com que os objetivos mais improváveis possam ser alcançados, pois não é sobre a nossa força, e sim sobre o Seu poder infinito. Não existem limitações para o Senhor, e por conta disso podemos sonhar alto.

Além disso, aprendemos que os sonhos de Deus para nós vão muito além das nossas próprias vidas, pois Ele sempre busca abençoar toda a Terra. Aquilo que o Senhor nos confia nunca é apenas para o nosso próprio benefício, mas é como uma semente que cresce, germina e gera suculentos frutos para alimentar muitas pessoas. Por meio de nossos sonhos, podemos alimentar uma geração inteira.

Vimos também que, quando nossos planos estão alinhados com os do Pai, não apenas abençoam pessoas, mas também revelam o coração de Deus pela humanidade. Quando buscamos os sonhos que Ele separou para nós e apontamos toda a glória a Ele, estamos colocando-O em exposição para que todos O vejam. Dessa forma, as pessoas podem ter contato com a Sua bondade, misericórdia e amor. E tudo isso pode acontecer através de um sonho seu.

A verdade é que o impossível está à sua espera, pronto para ser alcançado através de seus sonhos. Quando você terminar esta leitura, se guardar as chaves que existem neste livro e for intencional em aplicá-las em sua vida, isso mudará seus dias para sempre. De repente, você se encontrará explorando novos caminhos e vivendo novas aventuras que terão como destino os sonhos de Deus para a sua vida.

Então, ainda que você se considere uma pessoa sonhadora, é sempre possível almejar sonhos maiores. Sempre existe espaço para que Deus expanda nossa mentalidade e apresente uma nova dimensão de sonhos para a nossa vida. Posso afirmar isso, porque foi exatamente o que aconteceu comigo.

Eu sempre me considerei um grande sonhador, tanto que tinha vários planos ambiciosos para a minha vida. Porém, quando eu me deparei com os projetos que o Senhor tinha para mim, aqueles sonhos "gigantes" que, em algum momento, tanto almejei foram completamente ofuscados perante a grandeza dos sonhos de Deus. Quanto mais eu me aproximava do Senhor, mais Ele me revelava novas aventuras, e, hoje, quando me dou conta do quanto caminhei, percebo que eu nunca seria capaz de imaginar o que estou vivendo e para onde o Pai me levaria. Eu estou literalmente vivendo os sonhos de Deus para a minha vida.

Agora, existe um fator em comum entre todos os sonhos grandes, e eu quero que você tome isso como a lição final deste livro: todo sonho de Deus envolve atitudes de risco e fé. A ideia de que conseguiremos viver tudo aquilo que o Pai tem para nós sem abandonarmos uma posição de segurança e conforto é completamente falsa. Afinal de contas, não existe aventura confortável, não é verdade?

Sendo assim, precisamos sempre lutar contra o medo de falhar e o instinto de sobrevivência, para então abraçar os sonhos de Deus, por mais loucos que eles possam parecer. Afinal, a sabedoria do Senhor sempre foi loucura para os homens, pois os leva a um lugar de desconforto, em que é necessário ter fé. Pode ser que você esteja vivendo de forma estável e segura, e glórias a Deus por isso, mas deixe-me falar uma coisa: Ele tem mais para você!

Pense comigo: todos os maiores nomes da Bíblia precisaram sair de suas zonas de conforto para cumprir os sonhos de Deus. Abraão teve de deixar sua terra e parentela para seguir rumo a um lugar que ele nem conhecia. Davi precisou enfrentar um gigante que colocava medo nos corações de todo o povo de Israel. Moisés retornou ao Egito e confrontou o faraó para libertar seu povo. São diversas pessoas, com várias histórias, mas carregando dois denominadores em comum: fé e risco.

E quando você se sentir no olho do furacão, em uma situação que já não vê mais saída, lembre-se: não é sobre o que você pode fazer, mas sim sobre o poder de Deus. Se Ele entregou um sonho a você, certamente estará contigo em todos os passos que levam à sua realização. Nossa fé não pode estar na nossa força ou capacidade, mas n'Ele: o Deus do impossível.

Eu espero que este livro tenha ajudado você a vencer os medos que um dia o paralisaram, a não se conformar com o que você é capaz de ver hoje, a abandonar uma visão pessimista e a buscar os sonhos mais altos que Deus tem para a sua vida. Como eu disse ao longo destas páginas, eu sou um incentivador de sonhos, e espero que eu tenha conseguido encorajar você a perseguir os seus, da mesma forma que um dia alguém fez isso por mim!

E, para finalizar, eu deixo um versículo para ajudá-lo nesta nova jornada rumo aos sonhos de Deus:

> Não fui eu que lhe ordenei? Seja forte e corajoso! Não se apavore, nem se desanime, pois o Senhor, o seu Deus, estará com você por onde você andar. (Josué 1.9 – NVI)

Agora é a sua vez! "Vai para cima", e lembre-se: nos sonhos de Deus, o impossível é bem possível.

Este livro foi produzido em Adobe Garamond Pro 12 e
impresso pela Gráfica Promove sobre papel Pólen Soft 70g
para a Editora Quatro Ventos em julho de 2020.